女の子の学力の伸ばし方

進学塾ＶＡＭＯＳ代表
富永雄輔

ダイヤモンド社

はじめに――女の子の学力を伸ばすには方法がある

入塾テストなしでも、難関校に続々行ける秘密

私は、東京・吉祥寺に本部を置く学習塾「進学塾ＶＡＭＯＳ（バモス）」の経営者として、自ら子どもたちの指導にあたっています。

そこでは、難関校への高い合格率はもちろんのこと、社会に出てからもたくましく生きていける人間に育てることを重視しています。

現在、吉祥寺のほかに四谷、浜田山などに規模を拡大しているものの、あくまで児童・生徒数150人前後の小さな学習塾にすぎません。しかし、大手ではないが故のユニークな指導法で、**とくに父親から多くの支持を得ています。**

私の学習メソッドはセンスに頼らず論理性を重視するため、「女の子をどう教育していいかわからない」と悩んでいる父親たちに、明確な答えを提供できているのだと思います。

VAMOSでは、幼稚園児から大学浪人生までの子どもたちを預かっており、女子小学生の場合、桜蔭、雙葉、豊島岡女子学園、渋谷幕張といった難関中学校に毎年、多くの合格者を送っています。首都圏の学習塾ではトップクラスの成績を誇っています。

小資本のVAMOSが、こうした好成績を上げられる理由について、多くの人は「徹底的に選抜して、最初から優秀な子どもを入塾させているからだろう」と考えるようです。

しかし、まったく逆で、**入塾テストは一切、行わず「先着順」に受け入れています。**

選抜なしに受け入れているのは、「子どもの能力は1回の入塾テストでは測れない」という持論があるからです。とくに、中学受験を目的に入塾してくる子どもの多くが4年生以下で、そんな幼い時期に、1回のテストで自分の持てる力を出し切れるはずがありません。

圧倒的な「伸び率」を支えるロジカルな勉強法

私には、**「どんな子でも必ず伸びる」**という確信があります。こと「伸び率」に関して、私はどこの学習塾にも負けない自信があります。それは単に実績の話だけではなく、**再現性のある学習メソッドを取り入れているからです。**

具体的には本文に譲りますが、学力を伸ばす勉強法には、明確なロジックがあると考えています。

多くの人は学力をセンスや才能のたまものだと考えていますが、実際にセンスが必要となるのは、ごく一部の天才同士の戦いに限られます。ほとんどの子どもにとっては、そもそもセンスは必要ありません。

また努力は必要ですが、どれだけ長時間勉強しても、正しい努力でない限り結果がともなわないのは、社会人にとっての仕事とまったく同じです。

本書は、学力が伸びるメカニズム、「わかる」ことのブラックボックスを可視化しながら、どんな子でも学力を伸ばせる考え方や手法をお伝えします。

- 勉強はしているのに、どうしても子どもの成績が上がらない人
- 子どもの中学受験を考えていて、もっと効果的な勉強法を知りたい人
- 受験勉強には反対だが、子どもに将来役立つ学力を身につけてほしい人
- 子どもに自分から勉強してもらいたいと思っている人
- 自由放任で育てたら、子どもが全然勉強しないと悩んでいる人
- 夫婦間で、子どもの勉強への取り組みに熱の違いがある人

こうした方に、本書はぴったりの内容です。

多くの人は、子どもの学力を伸ばすために、問題を解く魔法のノウハウや、「センスのいい考え方」を期待するかもしれません。しかし、そうしたものは存在しません。

学力が伸びるプロセスを分解すれば、**基礎となる知識の「点」を増やして、それを効果的につなげて「線」にしていくということです。**言い換えると、「つながる」ということが、「わかる」ということです。

算数には問題を解く土台としての「九九」がありますが、実はほかの教科にも「九九」に当たる基礎があります。それを反復トレーニングで学び、基礎同士を上手につなげること。学力が伸びる構造は、センスではなくロジックなのです。

理解の〝現在地〟から始める徹底的な「ステップ学習」

VAMOSでは、ロジカルで再現性のある学習法を取り入れている一方で、子どもたち一人ひとりの個性に合わせ、多様で柔軟な対応をしています。

具体的には、まず徹底した**「ステップ学習」**を行っています。

本文で詳しく解説しますが、そもそも学習はスポーツと同様、練習の積み重ねが必要なものです。A・B・C・D・Eとだんだん高度になっていく内容があったときに、Bを理解せずにC以降を理解することはできません。必要であれば最初のAに戻って学び直すことが、やがて全部を理解することにつながります。

とくに、女の子が苦手とする算数や理科では、この作業が必須なのですが、「他の子に遅れてはいけない」「少しでも高度なものを」と、ステップを飛ばしてしまうケースが多いのです。

私は決してそれをせず、その子の**「理解の現在地」**を見極め、確実にステップを踏んでいきます。ロジカルではあるけれど、十把一絡げの教え方はしません。

男女の脳の違いに合わせたほうが学習効果は高い

さらに、本書のタイトルにあるとおり、私は「性差」にフォーカスして子どもたちを伸ばしています。

このジェンダーフリーの時代に性差などと言えば、「もしや、差別主義者なのでは」と警戒されるかもしれませんが、間違ってもそんなことはありません。私は、男の子も女の子も、その可能性を最大限に生かし、自由で豊かな発想ができる人物になってほしいと願っています。

そして、そのためには性差に着目した学習が大きな効果を上げると、経験上確信しているのです。

もちろん、経験論だけで判断しているのではありません。

脳科学の専門的研究で、女の子は右脳と左脳が早くからバランス良く育つのに対し、男の子は右脳ばかり先に発達し、左脳は遅れることがわかっています。

言語能力を司る左脳が早くから発達する女の子は、**国語の成績に秀でる一方で、空間認識能力を司る右脳が男の子ほど使えないので、算数を苦手に感じるのは当たり前なのです。**

大人になれば、男も女もそれぞれ苦手分野をカバーできますが、まさに脳が成長途上である子どもたちは、その影響が大きく出ます。それを無視して教えようとしたら、子どもたちに余計な負荷がかかるだけでなく、学習効果も半減します。

もちろん、脳科学的にも性格上も、女の子っぽい男の子もいるし、男の子っぽい女の子もいます。実際に、大人になってからも男性の約15%が女性脳を持ち、女性の約10%が男性脳を持っているといわれています。おそらく、子どもたちにも、同じような傾向が見られるはずです。

だから、男の子の親御さんに本書を読んでいただくことも、女の子の親御さんに姉妹編の『男の子の学力の伸ばし方』を読んでいただくことも大歓迎です。要は、「その子らしさ」に合わせた学習をしていただきたいのです。

社会に出ても「自分で人生を切り拓ける力」を育む

私は幼少期の10年間、父親の仕事の都合でスペインのマドリッドで過ごしています。スペイン人の生活は、まさにサッカーを中心にまわっているような状況でした。私の家のそばにもサッカー場があり、私自身、サッカーまみれで育ちました。そのため、今は学習塾経営の傍ら、日本サッカー協会の登録仲介人として、Jリーグの選手育成やマネジメントにも携わっています。

そんな私が中学生のときにスペインから帰国し、まず感じたことは、日本の教育の素晴らしさでした。日本人は子どもも含めて礼儀正しく、ほとんどの人が読み書きできます。

そんなことは、スペインではあり得ませんでした。

ただ、日本人がすぐに自己を卑下するところや、自分で判断できないところ、主体的に考えようとしないところは残念に思われました。

この十数年、日本では幼児教育の大切さが注目され、多くの子どもが幼い頃から学習塾に通っています。しかし多くの学習塾では、受験に合格するテクニックだけを子どもたちに与え、社会に出てから通用する力はつけさせようとしません。

たとえば、共通の勉強のカリキュラムが決められ、子どもたちはそれを必死にこなすことを求められます。その子に合わせたカリキュラムではないので、当然、そこから振り落とされる子が出てきます。

また、これは塾側が用意するフォーマットですから、言い方は悪いですが、子どもたちはロボットのようになって、そのフォーマットどおりこなすことが求められます。

しかし、これでは単に試験だけに強い、非力な受験エリートになってしまいます。

ほとんどの親は、自分の子どもたちに、自分で考え、自分で人生を切り拓ける子になってほしいと望んでいるはずです。指示待ち人間ではなく、主体的に考え、行動できる人になってほしいはずです。

私の学習法では、子どものレベルに合わせてカリキュラムをつくったり、暗記の方法を子ども自身に選ばせたり、２割の自習時間でなにをするかを生徒自身に考えさせたりと、

勉強しながら自主性や考える力、決断力を養うことを常に意識しています。

ちなみに、プロサッカー選手の育成は、基本的に学習塾の育成方法と同じ考え方で実践していますが、スポーツと勉強には共通するところが多くあります。

トレーニングメニューを決め、技術を習得し、ゲームの中での動きを理解していくことは、**勉強の「わかる」メカニズムと同じです。**

ワンパターンの暗記学習だけでは複雑な局面に対応できませんし、複雑なゲーム運びを理解し、実践するためには、正確なキックやトラップという基礎力が必要となります。**そうした基礎力を有機的につなげるコツがあるのです。**

おかげさまで、学習塾だけでなく、サッカー選手からの評判も上々で、新規の依頼も多くいただいています。

地頭の良し悪しに左右されない、一生ものの「学習習慣」

VAMOSでは、一人ひとりの子どもを、その家族と共に育てています。そのプロセスで私は、子どもたちを遠慮なく叱ります。女の子のことも叱ります。ただし、**女の子に合**

った叱り方を選んでいます。

私は、難関校に合格するスキルを与えることが終着点だとは考えていません。最も重要なのは、**「できなかったことを自分の工夫や努力によってできるようになるという経験」**です。これを積ませることが、その子の生きる力となるわけで、男の子も女の子もそこに違いはありません。

VAMOSには、無事に中学受験を終えて退塾したのに、また戻ってくる子どもたちもたくさんいます。それは、単に学習テクニックを学ぶだけでなく、人間として成長できる場になっていると私は自負しています。

また、子どもたちに**「学習習慣」**が身についているのが、なによりも嬉しいことです。学習習慣は一生ものの力です。幼少期から勉強する習慣が身につけば、大学受験も、働き始めてからの勉強も苦になりません。人生100年時代といわれる今、柔軟なキャリアチェンジを可能にするのは学習習慣です。

それは決して一朝一夕では身につかない、**その後の人生における最大の資産**となるでしょう。自ら学び、成長できる習慣は、持って生まれた頭の良し悪しに左右されず、社会をたくましく生き抜く力となるはずです。

女の子の学力を伸ばすために、親ができることすべて

本書は、まず序章で**学力を伸ばす基本的な考え方**をまとめています。

第1章では、女の子の**本能的な7つの特徴**について、第2章ではその特徴を活かした、**学力を伸ばす5つの絶対原則**について解説します。

第3章では、**考える力を養うための14のコツ**、第4章では**目標・計画術のテクニック**を紹介します。

第5章は具体的に、算数・国語・理科・社会の**必修4教科の成績を効率的に上げる勉強法**を細かく見ていきます。そして、第6章で女の子が**自主的に学習するための習慣づくり**を、最後の第7章では、**成績を伸ばせる親の習慣術**をまとめていきます。

本書は、あくまで学力を伸ばすための入口に限定していますが、**女の子の学力を伸ばすために必要なことすべてを1冊に網羅した内容**となっています。試せるところから、ぜひ実践してみてください。

子どもたちには、親が考えている以上に潜在的な力があります。脳のバランスが取れている分、女の子は真面目で守りに入りやすく、型破りな発想が苦手な傾向にあります。しかし、ひとたび失敗を恐れずにトライ&エラーができるようになると、親が驚くほど大きく成長します。

しかも、周囲と調和する能力にも優れているため、社会に出てからも最強の存在となり得ます。

女の子には、男の子と違った面白さがあります。本書が、その能力を引き出す一助になれば、著者としてこれ以上嬉しいことはありません。

女の子の学力の伸ばし方——目次

序章

素質は問わない！女の子の学力を確実に伸ばす方法

――脳の特徴を活かせば成績は必ず上がる

第1章 女の子をコントロールする7つの特徴

——見た目以上に早熟な「小さい大人」たちの本能

第2章

女の子の「学力」を伸ばす5つの絶対原則

——基礎と応用をつなぐ「成績アップ」のメカニズム

第3章

勉強でも仕事でも困らない「考える力」の育て方

――知識をつなげられる思考の土台づくり14の方法

第4章

隠れた「やる気」を引き出す女の子の目標・計画術

——不安を感じやすい心を前向きに変える12のコツ

第5章

いますぐ成績を上げる！最強の「必修4教科別勉強法」

――算数・国語・理科・社会の点数を伸ばす26のポイント

第6章

自分から学習する子になる15の「勉強習慣」

——女の子が焦らず効率的に学力を上げられる環境づくり

第7章

合格する子の親が実践する子育ての黄金ルール26

——成績が伸びる女の子の親はなにをしているのか？

序章

素質は問わない！女の子の学力を確実に伸ばす方法

脳の特徴を活かせば成績は必ず上がる

女の子は男の子と比べて手がかかりません。しかし、それに甘えて親が子ども任せにすると、いずれ壁にぶつかります。女の子はネガティブ思考や、失敗への恐怖心をより強く持つため、本来持っている能力を発揮しきれないことがあるのです。本章では、素質を問わず、女の子の脳の発達に合わせて学力を伸ばす方法を紹介します。

男女の「脳」の違いを効果的に活かす

女の子は脳の発達が男の子より早い

男性と女性では脳が違います。ただ違うというだけのことで、どちらがいいとか悪いとかといった問題ではありません。

なにかの数を数えるときに、女性は「1・2・3……」と声に出す傾向にありますが、これも脳のつくりによるものです。男性は、空間認識能力を司る右脳を使って数えているのに対し、女性は右脳だけでなく言語能力を司る左脳も同時に使っているために、それが言葉となって表れるのです。

また、女性がカラフルなものを好み、男性がモノトーンを好むのも、脳の違いが原因です。色を選別する網膜の「錐状体細胞」のもとはX染色体であり、X染色体が1つしかない男性に比べ、2つある女性は色を細かく認識し、描写できるわけです。

幼い子どもたちも同様で、女の子が文房具を選ぶときなどにカラフルでかわいいものを好むのは当然のことです。

こうした女の子の特徴は、性格ではなく脳がつくっています。**女の子の脳は、右脳と左脳がバランス良く発達します。**脳梁も男の子より太いため、右脳と左脳の連絡も取れています。言ってみれば、**大人の女性の脳に近くなっているのです。**

精神的には大人に近づいているのに、体はまだ頼りなく、いろいろな経験も積めていない。それが小学生の女の子です。

彼女たちが、心身共に健やかに、自分の可能性を信じて学習し、自立した人生を切り拓いていくためには、親の的確なフォローが必要です。

女の子が「勉強しにくい」と感じたり、「もう頑張れない」と自信を失ったり、逆にポジティブになったりするポイントは、男の子とはまったく異なります。

こうした脳の違いを知った上で学習に当たらせることで、女の子の学力が大きく伸びることは確かです。

実際、欧米を中心に、それぞれの能力をより伸ばすために、男女のクラスで学習方法を変え、大きな効果を上げている学校も出てきています。イギリスのハイスクールでは、それによって女子生徒の数学の成績が2倍になったそうです。

女の子の学力を伸ばすために最も大切なこと

安心して成長できる「環境」を用意できるかどうか

ＶＡＭＯＳで入塾テストを行わないのは、１回や２回のテストでその子を理解することなどできないと考えているからです。

そもそも、子どもはすべて磨けば光る原石です。だから、私としては、こちらから選り好みせずとも、やってきた順番にその原石を磨いていればいいのです。

ただ、入塾テストを行わない分、私は本人および家族との面談を重視しています。とくに女の子の場合、**「家庭」が非常に重要**で、親御さんと私の連携が上手くいかないと、せっかくの子どもの能力を活かし切れないことがあるからです。

小学生の女の子は、男の子と比べ総じてレベルが高く大人です。**「社会性がある」**と言い換えることもできます。

女の子は自分に関する夢や目標というものも、「社会」と共有しながら実現しようとするところがあります。「自分が良ければいい」男の子とは違うのです。

そして、その社会の最小単位は「家庭」です。小学生の女の子にとって、**家庭が無条件に信頼できる、自分を応援してくれる場であると感じられること**が、とても大事です。

元来、女の子は真面目で能力が高く、教え甲斐、育て甲斐のある存在です。しかし、女の子特有のネガティブ思考や、失敗への恐怖心により、その能力を発揮しきれないことがよくあります。

そうした負の状態から女の子を引っ張り出してあげるのは、私たち大人の仕事です。ただし、それは「根性で出てこい！」と呼びかけることではありません。

信頼できる大人たちに囲まれ、**安心して伸び伸び自助努力ができるような環境を用意してあげる**ことが求められています。

その上で、ステップ学習で「確実に学力が伸びている」と実感させてあげましょう。

「基礎」がなければ、いくら考えてもわからない

女子中学校の入試でも「基礎力」が問われる

勉強とは**理解のプロセスを踏んでいく**ことです。

「理解のプロセスを踏む」ために必要なのは、**徹底した基礎の習得とステップ学習**です。

VAMOSでは基礎学力を鍛えることに徹していますが、とくに、女の子は基礎をどれだけやっても損はありません。というのも、女子中学校の入試では、ストレートに基礎学力を問う出題が多い傾向にあるからです。

たとえば、ある有名女子中学校で出された問題を解くには、47都道府県の名称や日本地図の中での位置、県庁所在地や特産品などを全部、覚えておく必要がありました。

こうしたことは、中学受験を目指す子どもたちが一度は絶対に取り組まなければならない内容であり、きちんと記憶してさえいれば簡単に解けるけれど、覚えていなければ手が出ません。

このように、「そもそもそれを知らなければいくら考えても解けない問題を解く力」を、私は**「絶対的基礎力」**と呼んで、最重視しています。

絶対的基礎力は、「頭を使わずに問題を解く力」「手を使って解く力」と言い換えてもいいでしょう。よく知られているところでは、百ます計算や公文の学習も絶対的基礎力を鍛えるものです。

中学受験においても、あるいは大学受験であっても、現実問題として絶対的基礎力は不可欠。小学生なら、九九、足し算や引き算、漢字の読み書き、社会の暗記問題などを徹底的に反復して学習することがとても大事です。

しかし、こうした絶対的基礎力の重要性は、当たり前すぎて逆に見落とされています。あるいは、「大事なのは応用力だ」とか「考える力こそ重要だ」という、最近の風潮によって過小評価される傾向にあります。

応用問題は基礎学力がなければ絶対に解けない

知識の豊富さが多様な思考を可能にする

そもそも、応用力とはどういうものなのでしょうか。

たとえば、０・１２５が８分の１であるとか、０・３７５が８分の３であるといったことを、基礎の反復学習をしている子どもたちは感覚的に身につけています。だから、「０・３７５ということは１０００分の３７５だから……」とまどろっこしく考えずに、いきなり８分の３を持ち出して問題を要領よく解いていくことができます。これも、応用力の一種かもしれません。

あるいは、私たちが英語の長文を読み解くときに、わからない単語があっても前後の流れでだいたい予測がつくことがありますね。しかし、それも前後の単語がわかるから可能なのであって、ほとんどわからなければお手上げです。まずはいかにたくさんの英単語を知っているかが勝負になります。

つまりは、**応用力とは基礎学力の延長線上にある**ということが言えます。

基礎学力があれば応用問題を必ず解けるというものではありませんが、基礎学力がなければ応用問題は絶対に解けません。応用力を求めるのなら、なおさら徹底した基礎学力の構築が必要なのです。

だからＶＡＭＯＳでは、ほかの塾の何倍も基礎学力の習得に時間を費やしています。それによって木の幹を太くしておけば、放っておいてもそこからさまざまな枝葉が出てきます。東大の理系に進学するような女子高生は、絶対的基礎力が非常に高く、その知識の豊富さ故に、多様な思考が可能になっているわけです。

まず教科ごとの「ゼロ地点」を見極める

「精神的に大人」な女の子に合わせた勉強法

ＶＡＭＯＳでは、基礎学力の習得を極めてロジカルに行っていきます。

とくに女の子は、**信頼関係を築いた相手のアドバイスには耳を傾けたり、エビデンスの**

あることは取り入れたりという大人の部分があるので、ロジカルに進めたほうがやりやすいのです。

基礎学力の習得では、その子が今どこまで理解できているのかという**「現在地」**を見極めることが必須です。できないところを**「ゼロ地点」**として、そこから基礎学力を高めていく必要があるからです。

重要なのは、そのゼロ地点は**「教科によって違う」**ということです。その子が全体の上位3割くらいのところに位置していたとしても、国語はトップ1割で、理科はかなり下位ということも充分に考えられます。その場合、理科に関しては**学年をとおり越してでもわかるところまで戻らなければなりません。**

ただし、男の子と違って自己を客観視できる女の子は、その教科において自分がどこにいるかはわかっています。そして、**できない教科についてコンプレックスを抱いています。**だから、「この教科が苦手なんだから頑張りなさい」という助言はかえってマイナスになります。

たとえば、国語80点、算数70点、社会70点、理科55点という成績だった場合、男の子には「理科をもっとやらなくちゃダメだ」と指導します。そうしないと男の子は得意な教科ばかりやって、余計に教科間格差を広げてしまうからです。

しかし、もともと女の子は真面目で「全般的にできるようにしなくては」と考えています。そのため、**良くできている教科を褒めるほうが効果的です。**

「すごいね、国語は80点も取れたか」

こう言ってあげると、ほかの教科も80点まで引き上げてもっと褒めてもらおうと頑張るのが女の子です。

学力差が生まれる「小1ショック」と「小4ショック」

人生最初の分かれ道「10歳の壁」をどう乗り越えるか

「小1ショック」という言葉が盛んに使われています。小学校に入学したばかりの子どもたちに、すでに学力差がついていることを指しています。

昔はみんな、幼稚園ではただ遊んでいただけでしたが、今はいろいろ学習し、小学校入学段階で掛け算までできるようになっている子どももいます。

これは、頭がいいとか悪いとかの問題ではなく、**訓練量の差**です。

さらに「小4ショック」というのがあり、こちらは**「10歳の壁」**と表現されることもあります。実は、このあたりの年齢で、子どもたちの学力差に拍車がかかるといわれています。**10歳前後の勉強は、とても大きな意味を持っているのです。**

公立小学校から受験することなく公立中学校へ進む子どもは、中学受験をする子どもたちと、日頃から学んでいることのレベルが違います。

中学受験のための勉強は、ただ「知っている」に留まらず、その知識から考えて落とし込む作業が必要です。小学生であろうとも、それを繰り返し行います。

しかし、公立の小学校は、いろいろなレベルの児童を相手に、落ちこぼれが出ないように教えていかなければなりません。当然のことながら、中学受験を目指している子どもたちと、学校の授業を中心にしている子どもたちでは、**学力に大きな差がついてしまいます。**

とはいえ、実際に中学を受験するかどうかが重要なのではありません。公立小学校の授業内容で留まっているか、それとも、伸び盛りの時期に適切なステップ学習を重ねさせ、学力を飛躍的にアップさせることができるかどうかが問われているのです。

いずれにしても、あなたのお子さんが今、とても重要な時期にいることは間違いありません。

なぜ、女の子の理系は「普通」でいいのか？

一度、苦手意識を感じると「拒絶感」へとつながる理由

脳の特性もあって、女の子は男の子に比べ、一般的に理科や算数が苦手な傾向にあります。親としては「苦手なものをなんとかして得意にさせたい」と思うわけですが、それをさせようとすると、できるものもできなくなってしまいます。**女の子は自分の「苦手」に対する意識が強く、一度そのレッテルを自分で貼ってしまうと拒絶感が優先するからです。**

ですから、ストレスにならない程度に勉強させ、せいぜい普通レベルに底上げするくらいでいいのです。

それに、理系は多くの女の子が苦手なわけですから、得意にまでしなくても普通であれば中学受験にも対処できます。得意にするのは大変でも、**普通レベルに持っていくのは意外と簡単です。**子どもにも大きな負担はかかりません。

男の子は、70点と30点の教科があったら70点のほうに意識が向かい、30点のことなど忘

れてしまいますが、女の子は逆。せっかく70点を取れていても、30点でひどくショックを受けてしまいます。

だから、なるべく30点をなくしたほうがいいのですが、それでも50点で充分。飛び抜けてできない教科がないよう、苦手教科は普通レベルに持っていき、その分、国語などの得意教科を伸ばして自信をつけさせてあげましょう。

失敗を恐れる女の子は自分を過小評価する

しっかりコミットすれば「女の子のリミッター」は外せる

女の子は、良くも悪くも自分のポジションを客観的に理解しています。

また、他者との関係も重視しているために、**「そのポジションにおける失敗」を極度に恐れます。**そのポジションで失敗すれば、他者にとっての自分の存在価値が危うくなると考えるからです。

中学受験の際の志望校選びにもそれは表れます。

男の子の場合、実際の合格ラインより2つくらい上のレベルを平気で望んできます。彼らは根拠なく「自分は受かる」と思っています。女の子は逆に、失敗しないようにと2つくらい落としてきます。

ちょっと、ガソリンタンクにたとえてみましょう。

男の子は自分に不釣り合いなくらい大きなガソリンタンクを持ちたがります。それを満タンにできると信じて疑わない単純さがあるのです。

でも、実際にはそのタンクの中は空っぽ。ただ、大きなタンクなだけに、本気になって大化けすれば、たくさんのガソリンを入れることができます。

一方、女の子の場合、自分のことを客観的に見ることができているので、最初からあまり大きなタンクを持とうとしません。今の自分の判断において**「このタンクなら満タンにできそう」と感じるものを選びます。**だから、せっかく大量のガソリンを手に入れられそうな状況にあっても、それを持ち帰ることができません。

もしかしたら当人は、本当はもっと大きいタンクを持ちたいのかもしれません。しかし、ほかの子たちが身の丈に合った（あくまでその時点での判断ですが）タンクを選んでいる中で、**自分だけバカでかいものは持てないのが女の子です。**

だからといって、「自分であのサイズを選んだんだから、あの子はそこまでだ」と決めてはなりません。大人たちの関与の仕方次第で、女の子のリミッターは外せます。

「地頭の良さ」以上に学力を左右すること

女の子は「塾選び」よりも「家庭での過ごし方」のほうが大切

男の子の場合、「しつけ」レベルの問題で、勉強に集中できないケースが多々あります。たとえば、教材の整理の仕方を知らず、毎回もらうプリントをごちゃごちゃにしているために、勉強しようとしたときに、まずそのごちゃごちゃをどうにかするために時間がかかり、結果的にほかの子どもたちより遅れていってしまうのです。あるいは、椅子にしっかり座れないとか、鉛筆をちゃんと握れないとか、「そこからですか」の子もたくさんいます。

対して、女の子はそういう面ではしっかりしています。しかしながら、小学生の頃はその子の頭の良し悪しよりも、むしろ**家庭でどう過ごしているか**ということが学力に大きく影響します。「塾をどこにするか」以前の問題として家庭が大事。私は、それを**「家庭**

力」と呼んで非常に重視しています。

では、女の子の親御さんに望む家庭力とはなんなのか。それは、**子どもとの信頼関係をしっかり築き、いつも共感を持って寄り添い、フォローしてあげることに尽きます。**

女の子は、実力の割に自己肯定感が低い傾向にあります。そういう状況を無視して、活を入れてもダメ。丁寧に丁寧に、薄い膜を何枚もミルフィーユのように重ねていく作業が必要です。

しかし、一度、自己肯定感が得られたら、男の子が化けるのとは次元の違う強さを発揮します。もともと優秀な女の子は、化けているのではなく本物だからです。

真面目でハングリーで、さらには自己肯定感も備わった最強の女子が、あなたの会社や取引先にもいるかもしれません。そんな無敵の女子も、小学生の頃は脆かったのだということを忘れないでください。

同じ山でも「女の子向けのコース」で登頂率は変わる

好きなように生きられるスペックを身につけさせる

もともと私は、ことさら性差を意識して教えていたのではありません。最初は「子どもなんて、みんな一緒だろう」と思っていました。

しかし、やればやるほど「違う」と思うようになり、その違いに着目したほうが、子どもたちが伸びていくことを知りました。その過程では、発達心理学や脳科学の文献などにもあたりましたが「やはり」と膝を打つことが多々ありました。

今では私は、**性差に着目した学習こそが、女の子の可能性を広げていく**と確信しています。

もちろん私は、性差によって生き方を変えるべきだなどとは毛頭思っていません。まだまだ男社会の日本において、女性がもっともっと活躍していける場が増えることを切に願っています。

そして、だからこそ、小学生の頃の性差（正確には個人差）に着目した教育が必要だと思っているのです。ここを無視してしまうと、ともすると優秀な女の子が能力を発揮する機会を奪われ、置き去りにされてしまうからです。

私は日頃から**「登る山は一緒でも、コースはいくつかある」**と言っています。男の子には男の子に向いたコースが、女の子には女の子に向いたコースがあり、その子が登りやすいほうを選んであげれば、それだけ登頂率は高くなると思っています。

小学生の女の子たちは、男の子よりはるかに成熟していますが、まだ母親世代のような社会性は有していません。

働きのいいOSだけの状態で、いろいろなアプリは増やせていません。世の中にはどういう生き方があるのかとか、本当は自分はどう生きたいのかとか、そんなところまで把握できているわけではありません。

その子に対して、「もっと大きな視野で物事を見なさい」と言うのも、「女の子ならではの幸せもあるのよ」と言うのも違うでしょう。

まずすべきは、**「好きなように生きられるスペックの高い人間に育ってもらうこと」**。その手段として、今は、目の前の中学受験という1つの課題をクリアさせましょう。

その後の人生の最大の資産となる「学習習慣」

勉強にも仕事にも役立つ「一生ものの力」

VAMOSで学んでいる子どもたちは、中学受験が終われば、まずは羽を伸ばします。しかし、勉強を手放すことはありません。今まで5時間勉強に費やしていたなら、3時間は好きな遊びにあてて、受験が終わっても2時間は勉強を続けます。つまり、彼女たちの中で、勉強することが当たり前の習慣になっていることがわかります。

幼い子どもに中学受験をさせることに対しては、みなさんの中でも賛否が分かれると思います。しかし、その後の学生生活や社会に出たあとの、**勉強する習慣の大切さ**について否定する方はいないでしょう。

こうして身につけた学習習慣は一生ものです。 勉強するのは自然のことだと思えたら、大学受験も、就職してからの資格試験も、取り立てて大変なことではなくなります。

ビジネスパーソンには、学ぶことの大切さを実感している人が多いのではないでしょうか。目の前の楽しみに流されず、毎日コツコツと学ぶ習慣こそ、頭の良し悪しを超えた、本物の実力となります。それは決して一朝一夕では身につきません。

学習習慣はその後の人生における最大の資産となり、社会をたくましく生き抜くための必須スキルとなるでしょう。それは、目先の受験テクニックだけに頼る非力な受験エリートとはまったく違うところです。

第1章

女の子をコントロールする7つの特徴

見た目以上に早熟な「小さい大人」たちの本能

女の子は、精神年齢の低い男の子とは違い、大人と同等に扱われることを望みます。自分の置かれている状況や感じていることをわかってほしい存在なのです。ですので、信頼に基づく親子関係や友人関係を築くことがなによりも大切です。そんな女の子の特性を知り、強みへと転換できれば、学力もぐんぐん伸びます。

1

とにかく「共感」してほしい

女の子は「大人の仲間」として理解してほしい

親は自分の子どもに接するときに、「褒める」「叱る」という2つの要素を非常に大切に考えます。男の子の場合なら、この2つで足りていて、あとはその割合を工夫していけば大丈夫です。

ところが、女の子の場合、もう1つ、**「共感する」**という感情的な要素が不可欠になります。これは、ほかの2つより重視してもいいくらいです。

小学生の女の子は、**自分の置かれている状況について、周囲の大人に理解してほしい、それも大人の仲間として理解してほしい**という欲求を抱いています。

自分が背負っているつらさ、感じている楽しさというものを、おしゃべりをとおして伝え、相手にわかってほしいのです。

だから、親はそれを理解し、子どもと共感し合える環境を用意しなければなりません。

具体的には、日頃から悩みを打ち明けられる**「信頼に根ざした親子関係」**を構築しておくことが必要。これはマストの条件です。

それをせずに褒めたりすれば、女の子は大人ですから「お世辞でしょ」と気づいてしまいます。叱れば「私のことなんてなにもわかっていないのに、ただ怒鳴ればいいと思って」と引かれます。

つまり、女の子の場合、極論すれば褒めることも叱ることも必要なく、**共感さえできていれば大丈夫なのです。**

共感とは、**「受け入れること」**と言い換えてもいいでしょう。

たとえば、算数のテストで30点しか取れずに子どもが落ち込んでいるとします。そういうとき、褒めても叱ってもいけません。それは共感者ではなく、私のような別の立場の人間のすることだからです。

共感者である親は、その点数を受け入れ、「落ち込んじゃったよね」「じゃあ、どうしようか」と、**寄り添って一緒に考えてあげてください。**

このときに、気の利いた言葉はいりません。物理的に寄り添うのではなく、**心から寄り添うことが大事なのです。**

男の子に比べて女の子の親は、高度な対応が求められていると言えるでしょう。

2 言われたことを素直に受け止める

「言葉」でストレートに伝え、同等の人間として扱う

男の子よりも大人で、左脳が発達している女の子は、**言葉の理解力が優れています。**そのため、女の子のほうが大人からの助言を受け入れやすいと言えます。

また、男の子が「自分の力でナントカしたい」と考えるのに対し、女の子は**「誰かと一緒に前に進みたい」**という傾向があり、その点でも大人の助言に耳を傾けます。ただし、このときの助言は上から目線の指導ではなく「共感に満ちたもの」であることが必須です。

また、中途半端な褒め言葉や叱り言葉は、信頼を失い逆効果です。むしろ、**ありのままをストレートに言ったほうがいいのです。**

というのも、女の子は、親が自分を同等の一人の人間として扱い、その上で共感を示してくれることを望むからです。そして、それがなされていると感じたら、意外と素直にどんなことでも受け止めてくれます。

この共感者の役割は、まず母親が中心になって行うといいでしょう。もちろん、父親も大事ですが、まずは母親が一番の理解者になり、そこから父親との関係に導いてあげるというのがやりやすいようです。

「女の子は難しい」と、変に遠慮して母親に任せっきりにしたり、心にもないことを言ったりする父親がいますが、それは最悪の手です。女の子は瞬時に、**「私のお父さんは逃げている」と察知します。**一度「逃げる親」という印象を与えてしまうと、それを塗り替えるのは大変です。

「ストレートに言ったら傷つけてしまうのではないか」という不安はあるでしょうが、その不安を払拭するためにも、信頼関係の構築が必要なのです。**決して、そこから逃げてはいけません。**

もし、会話の中で伝えにくいことがあるなら、交換ノートを利用してもいいでしょう。そのときも、とにかく**「言葉」**を大事にすること。適当に済ませずに、言葉を尽くして本心を伝えましょう。面倒なようですが、自分の親がこれをやってくれていると感じたら、女の子は成功したことも親と分かち合おうとしてくれます。

合格発表の場で親と抱き合って嬉し泣きするのは、女の子ならではの感性です。男の子は、「よっしゃ、俺の力だ」で、感謝などしてくれませんから。

3

約束事をしっかり守る

女の子にハードルが高すぎるルールは設定しない

信頼関係を築けていて、その関係性の中で言葉を駆使して表現した内容については、女の子は非常に大切にしてくれます。つまり、決めた約束事は守ってくれるのが、女の子の素晴らしい特徴の1つです。

とくに、小学生という幼い年代において、決めたことを守る優等生はたいてい女の子で、それができない男の子は怒られてばかりいます。

「○○君、なにやってんのよ。ダメじゃない！」

「先生、○○君のルール違反、許していいんですか？」

自分には一銭の得にもならないのに、こんなお節介を焼く女の子が、VAMOSにもたくさんいます。

そもそも、女性の脳は男性の脳よりも「陳述記憶」に強く、「あのとき、こう言ったでしょ」ということをよく覚えています。一方、男性の脳は、一度泳げるようになるとずっと泳げるといった系統の「非陳述記憶」に長けています。

そのため、言葉による約束を男性はすぐに忘れてしまうのに、女性は覚えていて、恋人たちの揉め事のタネになるわけです。

この傾向は、小学生の頃からしっかりと見て取れます。だから、**父親はおよそ軽い気持ちで娘と約束をし、それをすっぽかすようなことはしてはいけません。**娘のほうは、その約束を守るために全力投球しているのですから。

これが、中高生にもなると、以前の自分への反動で手を抜くことを覚えていく女子も多いのですが、小学生の頃は良くも悪くも責任感が強いので、ルールを遵守しようとするし、**できなければそんな自分に大きなショックを受けます。**

ここを考慮し、**あまりハードルが高いルールをつくらないことが大事です。**女の子が、「信頼している親のために、このルールを守るのが楽しい」と思える程度のことに留めましょう。たとえば「毎日30分漢字の練習をする」「嫌いでも算数の計算問題を1日に10問は解く」くらいのことでいいでしょう。

間違っても、「○○中学校に合格するって、お母さんと約束してね」などと言ってはなりません。

4 母をモデルにする

母親は女の子の前では「女優」として振る舞う

男の子にとって母親は愛情の源であり、男は基本的にマザコンです。

一方、女の子にとって母親は生きる見本。**母親の言動をつぶさに観察して、それをモデルに自分をつくっていきます。**

成長するにしたがって自分なりに修正は加えていきますが、それでも正の面、負の面合わせて母親に似た言動をとる女の子が多くいます。だから、母親はそれを重々意識して振る舞う必要があります。

母親は、女の子の前では女優であるべきだと私は考えています。しかしながら、それは「完全無欠な母親を演じる」ということではありません。むしろ逆です。**ダメだったことも伝えてあげてほしいのです。**

たとえば、子どもが算数ができずに苦しんでいたら、「算数ができる母親」を見せるのではなく、「私も全然できなかったんだよね」と、ダメな部分を出して安心させてあげましょう。本当は算数が得意だったとしても、そこは演技をしてください。

ただし、このときも、すでに信頼関係が構築されていること、子どもが母親のことを好きであることが大前提になります。

自分の母親と信頼関係が築けていて、自分が母親を大好きであれば、「算数ができなかったお母さん」が今のお母さんをつくりあげていることを肯定的に捉えられます。そして、自分が算数ができないことに対しても、ひどくショックを受けずに済みます。

もちろん、ダメだらけの母親では困ります。

女の子にとって、**「好き」の土台には「素敵」が不可欠。**子どもが自慢に思える母親でいることは必須です。その尊敬できる母親が、「自分も算数はダメだったの」と共感を寄せてくれるからいいのです。

母親は、女の子が将来を考えるときの見本です。

「失敗もたくさんしてきたけれど、だからこそ今とても充実した人生を送っている」というところを、さまざまな形で見せてあげてください。

5 失敗がとにかく嫌い

「失敗は悪いことではない」と気づかせてあげる

女の子は、しっかりした「良い子」でありたいという願望が強いため、それに反する要素が自分に起こることを極端に嫌います。

その典型が苦手教科。男の子は自分が得意な教科ばかりやりたがり、そのせいで苦手な教科の点数が低くなっても気にしません。一方で、女の子は**「点数の低い教科がある」ことが気になって仕方ないのです。**

もっとも、それが「すべての教科を頑張ろう」というプラスの方向に働けば悪いことではありません。しかし、たいていの場合、失敗を嫌がる特性は、その子を小さくまとめてしまいます。

VAMOSで算数を教えていても、公式など自分が解き方をわかっていたり、私が「誰でも解けて当たり前だよ」と言った問題については、女の子はすぐに手を動かします。

ところが、ちょっとでもファジーな部分があって解き方に迷ったり、私が「難しいぞ」と言っただけで、実際にはできる問題であっても、女の子の手は止まってしまいます。「やってみたけれど間違った」という結果をひどく恐れるからです。

こうした特性を看過していると、「チャレンジしないためにいつまで経ってもできない世界」が生まれてしまいます。**幼い頃は優秀だった女の子が、あるときから頭打ちになってしまう原因がここにあります。**

卑近な例で恐縮ですが、私の知人女性が最近、離婚しました。すでに5年以上前から夫婦関係は破綻していたようですが、彼女は「自分の結婚が失敗だったと認めたくない」という思いから、なかなか離婚に踏み切れないようでした。

実は、周囲の私たちは、誰も彼女が失敗したなどと思っていないのですが、そこを気にしてしまうのが女性ならではの部分なのかなと思います。もちろん、周囲から良い評価をしてもらいたいという思いは、頑張りにもつながり、なんら否定されるべきものではありません。ただ、失敗に対する認識を歪めてしまうのは得策ではありません。

女の子を伸ばす上で、いかに**「失敗は悪いことではない」**と気づかせてあげるかが重要になってきます。トライ&エラーではなく「トライトライトライトライ&エラー」くらいの割合で、失敗の数を減らしながら、慎重に経験を積ませてあげましょう。

6

友だちとの人間関係の中で成長する

「集団選び」をする前に、本心で語り合える関係をつくる

今「オキシトシン」というホルモンが注目されています。女性の出産過程に深く関わるホルモンで、人を愛したり集団の和を保つことに寄与しています。男性にも分泌されますが、圧倒的に女性に多いホルモンです。

このホルモンの影響を持ち出すまでもなく、女の子は幼い頃から集団を大切にする傾向が強く見て取れます。

「俺は俺」の男の子と違って、**女の子は人間関係の中で周囲とのバランスを取りながら成長していきます。** 小学生の段階からすでに、友だちグループの中で自分の居場所やキャラクターをつくり、それを守ろうとするのです。

そのため、**集団からはじかれることをひどく恐れます。**

また、自分の感情や欲求は周囲に合わせてある程度押し殺し、集団の価値観で物事を判

断していきます。

だから、女の子にとって **「どういう集団に属しているか」** が重要になってきます。**その集団が、直接的に本人の成長に関わってくるからです。**

両親もそれをわかっているからこそ、女の子をどういう学校に進学させるかについて心を砕くわけでしょう。

私個人の見解を述べれば、学校選びなど女の子を取り巻く環境づくりでギャンブルはご法度。なるべく、その子の特性に合った人間関係を用意してあげるべきです。

そして、ここでも **親子間の信頼関係が不可欠になります。**

本心から語り合える信頼関係がなければ、本当は国立大医学部を目指して頑張りたい女の子をお嬢様エスカレーター校に進学させたり、逆に、本人が望んでいない厳しい環境を用意してドロップアウトさせてしまったりという結果につながりかねません。

一方、万が一「この環境は合わない」ということになったとしても、親子の信頼関係さえ構築されていれば子どもは守れます。

とくに、最も信頼している母親との関係が良好であれば、女の子はなんでも話してくれますので、そこから、また違うルートを探っていけばいいのです。

7

「嫌い」と「苦手」に逃げやすい

信頼されている人が「数字」で客観的に指摘する

算数の問題が10問あったとして、そのうち6問が正解なら、男の子は「お、半分以上できてる」「俺って算数、得意じゃん」と肯定的に捉えます。

ところが、女の子の場合「6問しかできなかった」「だから、私は算数が苦手」と負の連鎖をさせていきます。本当は結構できているにもかかわらず、自ら「苦手」を増やしてしまうのです。

もっとも、あくまで6問も正解しているのですから、この段階ではとくに困ったことは起きません。まずいのは、失敗を嫌う女の子が「なるべくやりたくない」と逃げてしまうことにあります。10問中6問できている算数なのだから、やればもっと伸びるのに、なるべく離れようとしているうちに、本当に不得意教科になってしまいます。

女の子は、こうして「嫌い」「苦手」を自らつくり出し、そこに逃げ込んでしまうこと

で自意識が傷つかないようにしています。実際にできなかったときのために、「だって、私それ苦手だから」という言い訳を用意しているわけです。

その気持ち、わからないでもありませんが、そのままではトライ&エラーができず、成長が妨げられます。苦手ではないものを苦手に感じてしまっているときは、その認知の歪みを正す必要があります。

女の子は、**信頼関係を築いている人のアドバイスには耳を傾けてくれます。**また、エビデンスを重視しますので、**数字を出して客観的に指摘するといいでしょう。**

「10問中6問できているというのはなかなかすごいよ。だって、半分以下しかできていない人のほうが多いんだから」

「ということは、○○ちゃんは、本当は算数が得意なんじゃないかな」

「でも、7問できたらもっと自信になるよね。だったら、もうちょっとやってみようか」

こうして、一緒に分析しながら、丁寧に認識を変えてあげましょう。

我が子を愛していればこそ、「おまえならできる!」と松岡修造方式のポジティブ変換をしたくなるでしょう。

しかし、女の子はエビデンスがないことは信じません。「お父さん、それ、なにを根拠に言ってるの?」と指摘されないよう、しっかり準備して臨んでください。

第2章

女の子の「学力」を伸ばす5つの絶対原則

基礎と応用をつなぐ「成績アップ」のメカニズム

「わかる」はどういうプロセスで生まれるのでしょうか。学習には必ずステップがあり、突然「わかる」ということはあり得ません。子どもの現在地を正しく把握しながら、理解上の点を増やし、点同士をつなげることが必要です。本章では、女の子の特性に合わせた学力アップの秘密を公開します。

原則 1

学力は必ず「段階的に」アップする

10歳〜13歳の過ごし方で学力が決まる

●学力の伸ばし方には順番がある
——段階を踏んで伸びる3ステップの「お風呂理論」

子どもの学力は、大きく3つの段階を踏んで伸びていきます。私はそれをお風呂にたとえて説明しています。題して**「お風呂理論」**です。

最初は、**「浴槽をつくる」**段階。

快適なお風呂にしたければ、なによりもまず立派な浴槽が必要です。浴槽はできる限り大きくしたいけれど、かといって穴やひび割れがあっては困ります。繊細な女の子の場合、穴やひび割れにとくに注意が必要です。でも、神経質になりすぎると大きな浴槽にできません。

このように、瑕疵《かし》がないように気を配りながら、子どもの学力の基礎をしっかり固める段階が**「土台期」**です。

次に、**「水を張る」**段階。

これは、子どもにいろいろな情報を入れる**「知識期」**に当たります。

しっかりした浴槽ができたら、そこに水を注いでいきましょう。大きな浴槽であっても半分くらいで水が止まってしまうこともあるし、逆に小さめの浴槽でも満々に水を注げばいいのです。

最後に、**「小物を揃える」**段階。

お風呂は、ただ湯船に浸かるだけでなく、体の汚れをとってスッキリするための場所です。そのために、タオルやボディソープなどを揃えていきます。子どもの学力で言えば、**「仕上げ期」**に当たるのが、この段階です。

これらの順番をしっかり守り、すべての段階において手を抜かないことが求められます。とくに土台期では、徹底したつくり込みと品質チェックが必要です。いくら、きれいな水をたくさん注いでも、いいボディソープを買ってきても、そもそもの浴槽が壊れていたらお風呂には入れません。

しかし、そこを軽視して、**ひたすら大量の水を注ぎ込んだり、いきなり小物から揃えよ**

うとしてしまう親が多いのです。水や小物はお金をかければ、いくらでも用意できるからでしょう。

子どもが伸び悩んでいたら、水や小物ではなく、一度、浴槽をチェックする必要があります。そして、不具合が見つかったらその立て直しから始めたほうが、結局はいい結果に結びつきます。

●速く正確に解く力で「土台期」がつくられる
――女の子はなるべく早く勉強をスタートしたほうが有利

「浴槽をつくる」作業とは、算数なら足し算、引き算、掛け算、割り算などの計算の数をこなすような学習に代表されます。

たとえば、「5＋8」の答えが「13」だというのは、基礎学習を積んだ子どもたちならば1秒もかからずに出てきます。

しかし、学習を始めたばかりの子どもたちの場合、5秒くらいかかることがあります。その差は4秒ですが、これが4桁の足し算になれば、1桁ごとに4秒の差が出て、最終的に16秒の違いとなります。たった1問を解くのに16秒も引き離されたら、まったく勝負になりません。

正答率についても、100%合っている子どもと、80%合っている子どもでは、いくつもの問題を重ねるうちにどんどん差が開いていきます。

つまり、こうした基本的な計算や、漢字問題、暗記事項などをいかに速く高い正答率で解けるようになるかというのは非常に大事なテーマであり、それをしっかりやるのが「浴槽をつくる」時期なのです。

あるいは、**集中力をつける**ということも、この時期の大事な作業です。最初から1時間集中するというのではなく、3分、5分、10分と少しずつ集中できる時間を延ばしていきます。

「土台期」は、男の子も女の子も基本的に**「0歳〜10歳」**と考えています。ただし、いつまでも幼い男の子と違って、精神的な成長が早い女の子の場合、さらに細分化してもいいでしょう。土台期の年代をまとめて捉えるのではなく、2年ごとくらいに扱うテーマを変えるなどしてもいいかもしれません。

あるいは、**「5歳前後」**を一つの区切りとして、この頃から百ます計算などをやらせることで、学力がどんどん伸びます。

いずれにしても、女の子は「人を追い越す」という戦闘的なことが苦手なので、**できるだけ早くスタートを切り、最初に差をつけて逃げ切ってしまう作戦が功を奏します。**

10歳〜13歳の「詰め込み学習」が学力差を生む
——大学受験の結果は中2までで決まる

土台期につくりあげた浴槽に、水をがーっと入れるのに適した時期は、だいたい**10歳〜13歳の間です。**

今の時代、学習塾や参考書、ネット授業など教材は溢れているので、入れる水は種類も量も豊富にあります。

この時期に、公式を1つでも多く理解したり、国語の読解問題を解いたり、言ってみれば**「詰め込み学習」**を徹底的にやると、子どもの学力が一気に伸びます。

ただ、その伸びが10歳や11歳でくるのか、13歳になってしまうのかといったタイミングの違いがあり、それが前述した「10歳の壁」となって現れます。

女の子は早めに伸びる傾向があるので心配はいらないと思いますが、中学受験をする場合、13歳では遅すぎます。なんとか10歳〜11歳にブレークスルーさせたいところです。

中学受験をしないなら、まだ間に合いますが、それでもやはり13歳が限度でしょう。

ある有名進学校の教師は、**「大学受験の結果は中2までで決まってしまう」**と指摘しています。浴槽にしっかり水を注ぎ込むのは、せいぜい13歳まで。そこまでの作業によって、その子の学力のかなりの部分が決定されるというのです。

お風呂をより快適にするために小物類を揃える「仕上げ期」は、14歳〜18歳と私は考えていますが、14歳になると、もう分岐点をすぎてしまっています。タオルやボディソープをいろいろ買い換えることはできても、「どんなお風呂か」はすでに決まっているわけです。

もし、中学受験をしてそれに失敗したとしても、最終的には希望する大学に合格すればいいのですが、それも「高校で頑張ろう」では遅いということです。

●デリケートな時期に基礎学習で差が開く
——子どもに無関心な親では女の子は伸ばせない

女の子の場合、小学校高学年になると、初潮を迎えるなどデリケートな変化が起きます。体調が優れなかったり、イライラしたりと、勉強時間が多く取れない局面も出てきます。

実際に、月経前には、右脳を刺激するテストステロンが激減し、空間認識能力が落ちて理数系の得点に悪い影響を与えるという報告もあります。

また、それまでよりもさらに大人の仲間入りをしたことで、子どもらしい素直さで周囲の意見に耳を傾けることができなくなる子もいます。

だから、なおさら、まだ幼い時期に基礎学習をとことん積んで、大きな差をつけておくといいのです。

勉強の進捗度合いのチェックなども、男の子よりも細かく行ってあげたほうがいいでしょう。それは、「できていないだろうから」ではなく、本人が大人たちに共感を求めているからです。

いろいろ大変なことがある中で、**子どもがどこまで理解できて、どんなことができずに苦しんでいるのか。**そこに無関心な親では女の子は伸ばせません。

せっかく大きな浴槽をつくっても、信頼関係の欠如でひびが入ってしまっては台無し。定期的なメンテナンスが不可欠なのです。

原則 2

「わかる」とは点を増やしてつなげること

学力が伸びるとき、なにが起きているのか？

●「わかる」はセンスではなくロジック
──理解のブラックボックスを「可視化」する

子どもたちの成績は、偶然伸びるわけではありません。メカニズムにしたがって伸びていきます。あるいは、「メカニズムにしたがってわかるようになる」と言い換えてもいいかもしれません。そのメカニズムを無視して、いくら「頑張れよ」とハッパをかけてもダメなのです。

多くの人は、わかるというのは、生まれ持った頭の良さやセンスが大きく関係していると思いがちです。

だから、センスを磨けるようなトレーニングを期待します。難しい問題があれば、それを解くコツのようなものを知りたがるし、センスのいい考え方を学びたがります。そのトレーニングによって、頭がどんどん良くなるイメージを持つのです。

しかし、わかるというのは、秘密のノウハウを使ったり、これまで思いつきもしなかった問題の解き方を発見したりして、突然理解できるということではないのです。

わかるプロセスは、実際のところ、ジャンプすることではなく、もっとずっと地道な作業の繰り返しです。

しかしこれは、逆に言えば、地道に繰り返していけば、誰でも「わかる」にたどり着くことができるということです。「わかる」は、センスより、ロジックなのです。

学力を伸ばすには、気合いや根性ではなく、あるいは特別な法則を求めるのでもなく、**「わかる」というブラックボックスを可視化し、その論理を理解していくことが大切です。**

女子中学校の受験問題では、基礎を押さえていることで解ける問題が多いという傾向があります。それは「簡単」という意味ではなく、女の子の場合、そもそも基礎をちゃんとやっていないような子どもは求められないということです。

もちろん一方で、子どもの才能やセンスに違いがあることは紛れもない事実です。しかし、センスや才能に恵まれた天才など、ほぼいません。ほとんどの子どもは、センスや才能のことなど考える必要はないのです。

●まずは「基礎知識」をどんどん増やす
――点が増えると「わかる」を引き出すネットワークが強化される

私は、なによりも「基礎」を重視しています。

とくに、浴槽をつくる土台期の子どもたちには、「これでもか、これでもか」というくらいに基礎学習を繰り返させます。

算数の計算問題や、国語の漢字、社会や理科の暗記項目なども、できるまで何度でもやらせ、とくに、中学受験を目指している子どもたちには徹底させます。

もちろん、中学入試で出される問題は、基礎だけで解けるものは多くありません。しかし、基礎がなければ解けない問題ばかりです。

では、基礎だけで解けない問題はどうやって解いていくのでしょうか。多くの親は「そのためには応用力が必要だ」と考えるのですが、**実は、基礎をつなげることで解いていくのです。それが「わかる」ということです。**

たとえば、「鎌倉幕府ができたのは１１９２年」「アメリカ合衆国の首都はワシントンD.C.」「三重県の県庁所在地は津」などと、個別に覚えていくのが基礎です。つまり、基礎学習は、１つひとつを「点」として覚えていく作業です。

こうした基礎の点がいくつもあって、**その点同士が有機的につながっていくことで、いろいろなことがわかってくるわけです。**

そのときに、点がたくさんあるほうが、「わかる」を引き出すネットワークがより高度に構築されることは言うまでもありません。だから、基礎はいくらやってもムダではないのです。

ところが、現代社会では、この「点を増やす作業」が軽視されています。

たとえば、中学校の英語の授業では、今は英単語を暗記することよりも、耳で聞いたり実際に話したりということを優先します。しかし、実際に英語ができる人は、たくさんの英単語が頭の中に入っており、それを有機的に結びつけているわけです。そもそも、英単語をあまり知らなくて、英語ができるはずがありません。

また、「考えることが大事だ」という風潮も影響しています。

東大の試験問題は「知識量ではなく考える力を問われる」というようなことがよく言われますが、**それは考えるための素材を持っていることが大前提です。**VAMOSにも東大を出た講師がたくさんいますが、彼らはセンター試験の点数もトップクラス。基礎ができていることなど当たり前なのです。

ビジネスパーソンでも、いろいろ知っている人よりも、いいアイデアが出せる人こそ価値があると思われています。しかし、考える材料を持っていない人がどうやってアイデアを出すのでしょうか。

大事なのは「点」を増やすことです。

●考える力は「つなげる力」である
――家庭でできる「基礎」同士をつなげる勉強法

基礎学習で学んだ点を有機的につなげ、「わかる」に持っていくために、家庭でできる方法があります。

A3くらいの大きな紙に、たくさんの点の要素を書いておき、それを子どもにつなげてもらうのです。そのときに、**「どうしてつながったのか」「そこでどういうことが起きているのか」**といったことを子どもたちの言葉で説明させます。

どんな点の要素を書いておくかについては、まったくアトランダムでかまいません。新聞や雑誌、子どもの教科書、地図帳などから選んでみましょう。

あるいは、まず1つの要素を紙の真ん中に書き、そこからマインドマップのように点をつないで伸ばしていくという作業も有効です。

たとえば、真ん中に「ドナルド・トランプ」と書いてあったら、そこから「イバンカ」

図表1 ｜ 点がつながってくるといろいろなことがわかるようになる!

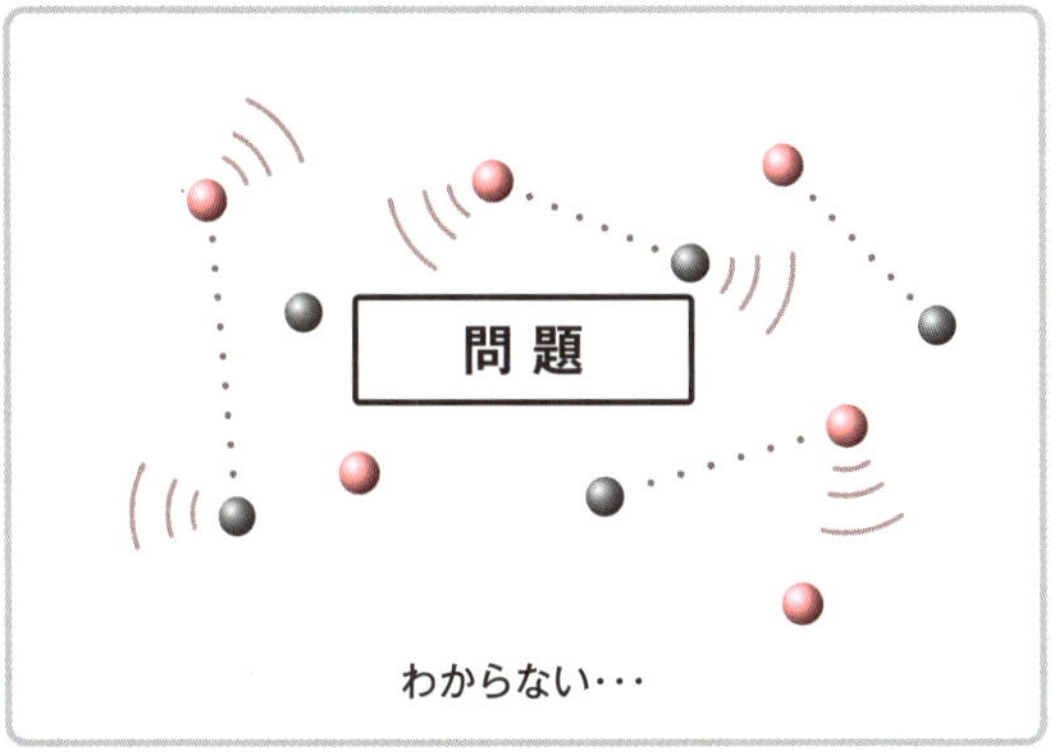

点を増やして、有機的につなげると

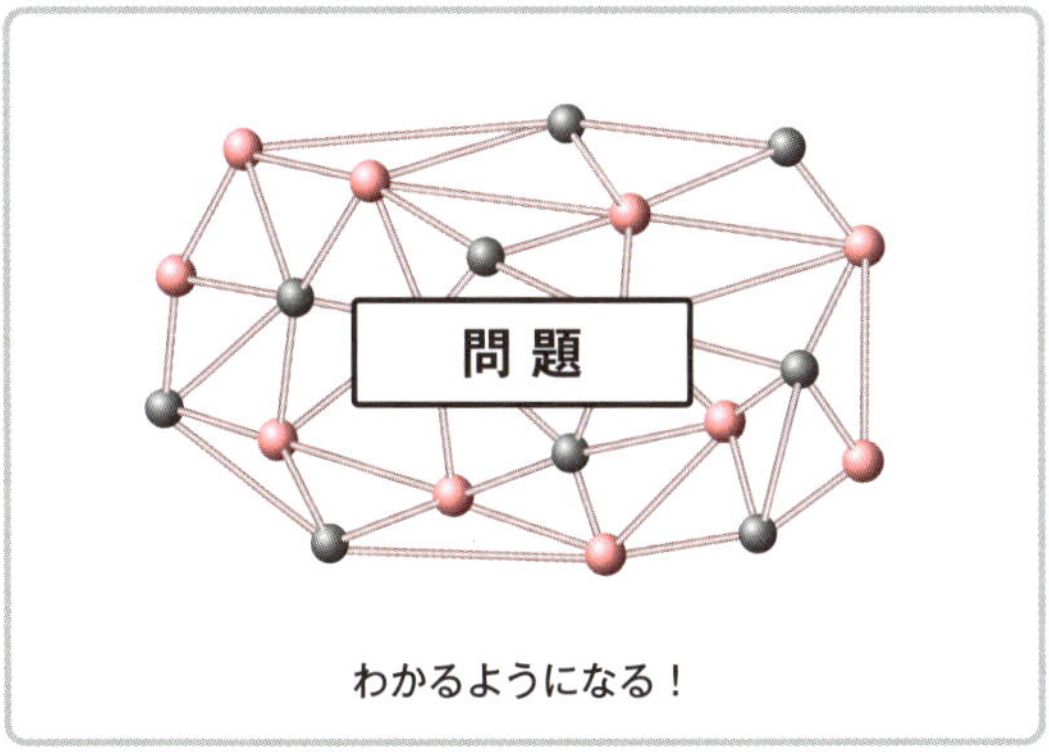

「クシュナー」と伸びていく線があったり、「会談」「北朝鮮」「シンガポール」などという線があったりでいいわけです。

子どもたちは、暗記は得意でも、こうした「つなげる」作業は苦手です。おそらく日本の学校教育制度に問題があるのですが、たとえば社会では「日本史」「世界史」「地理」と分けてしまった時点で横のつながりがなくなってしまいます。

子どもたちは、そういう学習に慣れてしまっているため、せっかく自分が覚えた事柄同士を有機的につなげることを思いつかないのです。家庭でそれをやって、子どもたちの「つなげる力」を目覚めさせてあげましょう。

●「つなげる力」を求める入試問題が増えている
——名門中学がほしがる基礎知識を有機的につなげられる頭脳

中学入試では、有名校になるほど個別に暗記した知識だけでは対応できない問題が増えていきます。しかも、その切り口は多様化しており、ある中学校では、社会で「日本国憲法第9条を変えるべきか否か」について述べさせる問題が出ました。

このときに、単純に今の憲法第9条を覚えていたのではダメで、自衛隊の成り立ちや実態、過去にあった戦争や原爆の被害、現在の世界情勢やテロの問題など、多くの材料を基

図表2｜家庭でできる子どもの「つなげる力」を伸ばす勉強法

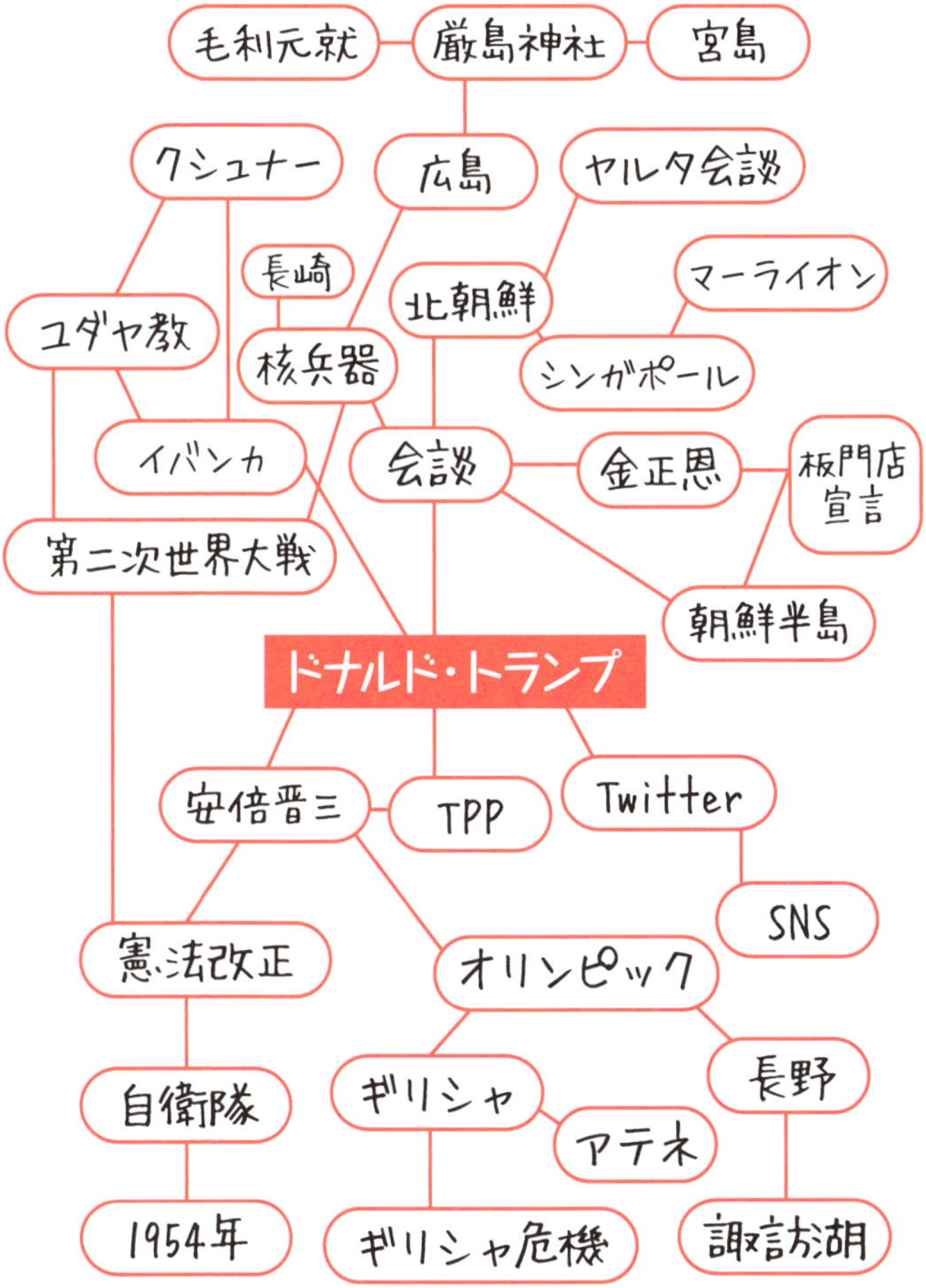

礎として持ち、それを有機的につなげて掘り下げる能力が求められます。

理科では、灘中学校で、「初日の出を2回見る方法」に関する問題が出ました。この問題を解くには、太陽が昇っていく地軸や時間の考え方といった複数の要素を掛け合わせていく必要があります。これもまた、点の基礎知識を有機的に結びつけることが求められています。

女子校では、2017年度の頌栄女子学院のスーパームーンを題材にした問題が、「つなげる力」が必要とされる良問だったと思います。

また、点を線でつなげたときに、2つ先、3つ先の答えが求められるケースもあります。以前だったら「1945年8月6日に原子爆弾が投下された都市はどこか」という問いに「広島」とストレートに答えれば良かったのが、オバマ大統領のノーベル平和賞受賞の理由からだんだんとつなげていって広島に行き着くというような「迂回した」問題が出されるようになっています。

さらには、完全なオープンクエッションも出ます。

「教皇フランシスコは、今の世界に必要なのは壁ではなく橋だと述べています。あなたにとって橋とはなんですか？」

ここで「橋は川を渡るときに使うものです」と答えたのでは話になりません。模範的な回答としては、ベルリンの壁のような世界を分断していた壁について述べ、その上で、橋が連携や平和の象徴であるという結論に持っていく必要があります。そのためには、東西冷戦や宗教戦争、世界を分断している問題について知っていることが不可欠です。

一見、難しそうに見えるこうした問題も、**1つひとつの要素に分解していけば必ず解くことができるものです。**ビジネスで起きるトラブルも、結局その問題の原因を分解していけば解決できるのであって、なにかトリッキーなことをするわけではありません。

分解したときの基礎的知識をいかに持っているかが重要なだけ。子どもの学習もそれと同じです。

原則
3

基礎の習得には「反復」が欠かせない

どの教科にも必ず覚えるべき「九九」がある

●指導者がこっそり見ている秘密の指標とは
――「偏差値の伸び＝学力の伸び」ではない

親が子どもの学力の伸びを見る指標に「偏差値」があります。中学受験のための模擬試験を受ければ、たとえ小学生でも立派に偏差値がはじき出されます。

ところが、そのもとになるテストは、これまで公立の小学校で学んできた内容では解けない問題が多く、最初のうちはとんでもなく低い数値になることもしばしばです。

29だの33だのという、考えられないような低い偏差値を見て、「ウチの子はとんでもない大バカだ」とショックを受けてしまう親が多いのです。

そして、この偏差値が伸びなければ「今の勉強の効果が出ていない」「塾が合っていない」と間違った判断をします。

しかし、**そもそも偏差値が伸びていることイコールその子の学力が伸びていることではありません。**偏差値は相対的なものなので、自分の子どもが大きく伸びているのに、周囲が頑張っているために、それがなかなか偏差値に表れないということはよくあります。逆に、分母のレベルが低い模擬試験を受ければ、偏差値は高く出ます。だから、「偏差値を伸ばす」ということには、たいした意味はないのです。

それよりも重要なのは学力を伸ばすこと。**偏差値が伸びていなくても学力が伸びている子はたくさんいます。**

偏差値や成績はその子個人の絶対的なものではないため、急に跳ね上がったり、頑張っているのに伸びなかったりと、ある意味おかしな動きをすることがあります。

しかし、**学力は「やっただけ」伸びます。**だから、私は偏差値ではなく学力を信じているわけです。

私が指標にしているのは、**その子が「前に教えた内容ができているかどうか」です。**先週教えた内容が今週はできているかどうか。

先週覚えたものは今週身につき、今週覚えたものは来週身につきというように、小さなステップを踏みながら確実に段階的にアップしていけば、その子は志望校に合格することができます。

こうしてステップを踏んでいったものは、簡単に忘れ去られることはなく、積み上がっていきます。相対的な偏差値に一喜一憂することなく、子どもの絶対的学力を伸ばすことを考えてください。

●どの教科にも算数の「九九」のような基礎がある

――国語・理科・社会も基礎を飛ばした成績アップはあり得ない

ＶＡＭＯＳでは、まずは基礎の重要性を子どもたちに徹底して理解させ、ステップを踏みながらレベルを少しずつ上げていきます。それによって、確実に、足腰の強い学力が身につきます。

親はどうしても「すぐに成績をアップさせてくれる魔法のようなもの」を塾に求めます。しかし、そんなものはありませんし、本当に成績をアップさせたいなら、基礎の徹底は絶対に外すことができません。**基礎を飛ばした成績アップなどあり得ません。**

算数の問題を解く上で、絶対に必要な基礎として「九九」があります。たとえば、「８×９」が72であるということを瞬時に思い起こせなくては、どのような問題もとうてい時間内に解くことはできません。

この九九のような、**絶対に身につけておかなければならない基礎事項が、算数以外の教科にも存在します。**

たとえば、社会なら、都道府県とその県庁所在地を全部、漢字で覚えること。

私が子どもの頃は、小学校でそれを身につけさせられました。ところが、今は中学校ですら、自分たちのいる地域について学ぶことに重きを置いています。だから、大人になっても都道府県や県庁所在地を書けない人が多いのです。

しかしながら、中学受験をするならば、これはマストな基礎として覚えておく必要があります。

同様に、こういうものが理科にも国語にも存在します。

その子のレベルに合わせた「現在地」で反復練習させる
——焦らずまわりに学習ペースを合わせないのが大切

基礎の習得には**反復練習**が欠かせません。
野球なら、最初はキャッチボールや素振りの反復練習、次にはノックや打撃の反復練習というように、少しずつやることのレベルを上げていきながら、しっかりした基礎を身につけさせます。

同様にVAMOSでも、基礎の反復学習を、その子のレベルに応じてやっていきます。
このときに、**レベルのステップが細かく分解されていると「自分はどこから反復練習をすべきか」という「現在地」がよくわかります。**

左ページにあるのは、VAMOSで用いる「計算の64ステップ」です。
見ていただくとわかるように、掛け算だけでも6段階に分かれています。
たとえば、「23×7」「47×6」といった2桁×1桁の掛け算が素早く解けない子に、2桁×2桁をやらせたら、なおのこと長い時間がかかります。もちろん、正答率も低くなります。

こういうときに、「みんなが2桁×2桁に進んだんだから」と無理にやらせるのは得策ではありません。とにかく2桁×1桁の掛け算を徹底して反復し、身につけさせて、それから次へと進むほうが結果的に学力はアップします。

女の子は算数や理科など計算が入る教科が苦手な傾向にありますが、この64項目を徹底して反復学習することは非常に重要な基礎づくりとなります。

図表3｜子どもの現在地がわかる「計算の64ステップ」

step	内容
1	足し算（＋1 ～＋5）
2	足し算（＋6 ～＋9）
3	足し算（10いくつ＋1桁）
4	引き算（1桁−1桁）
5	引き算（10いくつ−1桁）
6	足し算（繰り上がりがある2桁＋2桁）
7	足し算（3桁＋1、2桁）
8	足し算（3桁＋3桁）
9	引き算（2桁−2桁）
10	引き算（3桁−1, 2, 3桁） 足し算引き算総チェック
11	掛け算（1の段～ 5の段）
12	掛け算（6の段～ 9の段）
13	掛け算（2桁×1桁）
14	掛け算（3桁×1桁）
15	掛け算（2桁×2桁）
16	掛け算（3桁×2桁）
17	割り算（2桁÷1桁　あまりなし）
18	割り算（2桁÷1桁　あまりあり）
19	割り算（2桁÷2桁）
20	割り算（3桁÷2桁） 掛け算割り算総チェック
21	小数とは
22	小数の足し算
23	小数の引き算
24	小数の掛け算（整数×小数）
25	小数の掛け算（小数×小数）
26	小数の割り算（小数÷整数）
27	小数の割り算（小数÷整数　あまりなし）
28	小数の割り算（小数÷整数　あまりあり）
29	小数の割り算（小数÷小数　あまりなし）
30	小数の割り算（小数÷小数　あまりあり） 小数の計算総チェック
31	仮分数、帯分数の変換
32	約分

step	内容
33	分数の足し算・引き算（分母が揃っている計算）
34	分数の足し算・引き算（片方に揃えて通分する計算）
35	分数の足し算・引き算（最小公倍数で通分する計算）
36	分数の引き算（繰り下がりが必要な計算）
37	分数の掛け算
38	分数の割り算
39	小数、分数の変換
40	小数と分数の混合計算 分数の計算総チェック
41	整数の四則演算
42	小数の四則演算
43	分数の四則演算
44	かっこがある整数の四則演算
45	かっこがある小数の四則演算
46	かっこがある分数の四則演算
47	整数、小数、分数の四則演算
48	かっこがある整数、小数、分数の四則演算
49	計算の工夫（計算の順番）
50	計算の工夫（分配、結合法則の利用）
51	計算の工夫（部分分数分解） 総合計算演習
52	逆算（足し算・引き算のみ、2項のみ）
53	逆算（足し算・引き算のみ、3項以上）
54	逆算（掛け算・割り算のみ、2項のみ）
55	逆算（掛け算・割り算のみ、3項以上）
56	逆算（四則混合）
57	逆算（かっこを含む）
58	逆算（小数、2項のみ）
59	逆算（小数、3項以上）
60	逆算（小数、かっこを含む）
61	逆算（分数、2項のみ）
62	逆算（分数、3項以上）
63	逆算（分数、かっこを含む）
64	逆算（整数、小数、分数混合） 逆算総合演習

●暗記できないのは、手法が合っていないから
――子どもに一番合う「暗記スタイル」を一緒に探す

基礎の習得には反復学習しかありませんが、それによる伸び率は子どもによって違います。同じように毎日2時間かけても、ぐんと伸びる子となかなか伸びない子がいます。

その差について、「持って生まれた能力の差だ」と決めつけるのは早計で、なかなか伸びない子は、**トレーニングの手法が合っていないケースが多いのです。**

たとえば、暗記の方法。基礎学習に欠かせない暗記の方法は1つではなく、**「読む」「書く」「聞く」「見る」「話す」**が考えられます。「見る」では、教科書や参考書だけでなく、スマホのアプリなども使えるでしょう。「聞く」や「話す」は、親が一緒に勉強してあげるときのいい方法です。

どれが得意かは子どもによって違い、実際にVAMOSで見ていても、書いて覚える子も、言葉に出して覚える子も、じっと文字を眺めて覚える子もいて、一概に「この方法がいい」とは言えません。これも、**トライ&エラーでその子に合った方法を見つけていく**のが一番です。

もちろん、どれか1つに絞る必要などありません。「書く」が好きな子であっても、そ

の日の気分によって「読む」を増やしたり、「聞く」を混ぜたりして少しでも効率的に覚えていけばいいのです。飽きっぽい子どもや集中力が続かない子どもには、**親があれこれパターンを変えてあげる工夫**も必要です。

このときに大事なのは、子どもの自主性を尊重してあげること。子どもが少しでも楽しい気分で取り組めるような状況をつくってあげましょう。

原則
4

没頭できる環境づくりが9割

どこまでリミッターを外せる「絶対的勉強」ができるか

●女の子はなぜ途中で失速してしまうのか?

――比較から自己集中へ、量から質へと転換させる

男の子と女の子では、勉強に対する取り組み方が根本的に違います。男の子は、その場のノリや自分の好き嫌いで動くため、まずは毎日の勉強をルーティーン化することから始めなければなりません。

一方で、女の子はルーティーンをつくることはすでにできています。なので、その1つ上の**「ルーティーンの質を上げる」**ことを目指していきます。

また、女の子は真面目ですから、普段から「量」はたくさんこなします。「量はやって当然」というのが、女の子の基本スタンスです。だから基礎力はついているケースが多い

のですが、量ばかりやっていて、せっかくの基礎力を活かすことができない子もいます。やはり、**量から質への転換が必要になります。**

具体的には、いかに集中して深い学びを得ていくかを考えます。

女の子が真の集中に入れないとき、**「周囲を気にする」**という要素が強く影響しています。もともと調和を大事にする女性の特徴からか、子どもであっても「友だちはどこまでやっているか」「先生はどうすれば褒めてくれるか」など、悪い言い方をすれば、周囲の顔色を見ることを優先してしまうのです。

周囲の子と比べて自分はどうかという「相対的勉強」をしていて、自分の学力だけに注目してそれを伸ばしていく「絶対的勉強」がなかなかできないのが女の子です。

ここに、女の子ならではの伸び悩みポイントがあります。男の子より早いスタートが切れていて、差をつけて前を走っている女の子が、ほどほどのところで失速してしまうのは、絶対的勉強に没頭できないからです。

もちろん、優秀な友だちに引っ張られて伸びていくというポジティブなパターンもありますが、「本当はもっと伸びるのに小さくまとまってしまう」というケースのほうが多いのです。

女の子の場合、いかにそうしたリミッターを外してあげるかが重要になります。

●没頭できる環境づくりをする

――「周囲なんて気にするな」が逆効果という難しさ

しかしながら、**女の子に「周囲なんて気にするな」と檄を飛ばすのはかえって逆効果です。**女の子はもともと、周囲の環境の中に自分の存在価値を見いだす部分があり、それを否定してしまうのは存在そのものの否定につながります。

そこで、そういう特性を理解した上で、少しでも女の子が自分の勉強に没頭できるような環境をつくってあげることが必要です。これが上手くできれば女の子は最強です。もともと早いスタートを切っているのですから、そのままぶっちぎりでゴールを駆け抜けます。

では、女の子が集中できる環境とはどういうものなのでしょうか。実は、ここがまた難しく、男の子のように単純に考えることはできません。「この環境がしっくりくる」というのは一人ひとり違い、親は我が子のそれを的確に把握しなければなりません。

ここでも、いかに**普段からの信頼関係が構築できているか**が問われます。

実は、女の子の場合、母子家庭のほうが受験に強い傾向があります。おそらく、「お母さんのために頑張ろう」という気持ちがその子を支えているのだと思います。また、親子の信頼関係もしっかりできており、それだけで「集中できる環境」になっているのでしょう。

このように、親の側が想像しているベストな環境が、必ずしもその子にとってベストかどうかはわかりません。

環境づくりに関して、詳しくは後述しますが親のトライ&エラーが求められます。

●集中するために「場」が快適であることは必須
――女の子が嫌いな「乱暴・汚い」は避ける

ただし、女の子は勉強する**「場」**には共通してこだわります。

VAMOSでも、座布団やブランケットなど、自分の愛用品を持ってきて机まわりを整えることから始めるのは決まって女の子です。

あるいは、筆箱やシャープペンシルなどの学用品も、かわいい自分好みのものを揃えたがります。それは尊重してあげていいのですが、**女の子が必要以上にその傾向を強めたときは注意が必要です。**

219ページでも触れますが、それは、勉強に集中することを拒否し始めている精神的なサインの表れです。そのサインを受け止め、もっと違うところで快適な環境を用意してあげる必要があります。

また、女の子は乱暴な場や汚い場が嫌い。父親がだらしなくソファに寝そべっているようなリビングで学習するのは無理です。人間関係に対する洞察力もあるので、**両親がギスギスしていれば、気になって集中力も欠きます。**

ほかにも、トイレや洗面所など、生活空間もできるだけきれいに整えてあげましょう。そんなことで、女の子に「ああ、嫌だ」という気持ちを抱かせないことです。このあたりは、母親の細やかな感性が必要とされるところでしょう。

ＶＡＭＯＳという場も、育った家や通い慣れた学校とは環境が違うため、なかなか勉強に集中できない女の子がいます。

そんな子がいるとき、男の子には「うるさい！」で済んでも、女の子はそうはいきません。その子にとって、どんな環境がベストで、そのためになにをしてあげたらいいかということについて、一人ひとり見ていかねばなりません。

原則
5

女の子の「バランス脳」を少しだけ崩す

社会性があるほど「見えない圧力」に苦しみやすい

●女の子の脳はバランスがよく、マルチタスクが得意

——苦手教科は「つき合い」をやめない程度にコツコツと

前述したように、右脳は空間認識能力を、左脳は言語能力を司っています。

男の子は先に右脳ばかりが発達し左脳の成長が遅れるのに対し、女の子は、この2つがバランス良く成長していきます。

だから、女の子は男の子よりも早く言葉を話すし、当然、国語の成績も秀でます。

また、右脳と左脳をつなぐ脳梁が男の子よりも太くしっかりしており、右脳と左脳の連絡も上手くいきます。こうした脳の特性から、女の子は、**いくつかのことを同時にこなすことができます。**また、勉強の進み具合や受験までのスケジューリングなど、**全体を見渡**

した作業も得意です。

ただ、男の子と同じようには右脳が発達しないため、どうしても空間認識能力が落ち、算数や理科は好きになれない傾向があります。

脳の特性上、好きになれないものを「好きになれ」というのは無理な話。ポイントを押さえ、苦手と上手につき合っていくようにしましょう。

たとえば、計算問題の数をこなせば嫌でも算数の成績は上がるし、理科の中にも女の子が得意とする暗記問題はたくさんあります。こうして、無理のない範囲で算数や理科とつき合います。

女の子が総じて算数や理科が苦手なことを考えれば、少しずつ成績を上げていくだけで大きな意味を持ちます。大事なのは「つき合いをやめない」ことです。

●まわりへの「鈍感力」を育んであげる
――すぐれた「社会性」が女の子を疲れさせている

生後間もない赤ん坊について調べた研究から、男の子と女の子では「目で追う対象」に違いがあることがわかっています。

男の子が「モノ」を追うのに対し、女の子は「人」に関心を示します。

おそらく、私たちの遠い祖先の生活様式に、その理由があるのではないかと思います。文明社会を迎える前の人類は、狩猟と採集で暮らしていました。男たちが狩りに出かけている間に、女たちは木の実などを集め、かつ子育てをしながら集落を守っていました。女の子が生まれながらにして人に興味を持つのは、集落を守るには人々とのコミュニケーションが不可欠だったからでしょう。

コミュニケーション能力に長けているのは素晴らしいことなのですが、ときに、それが自分で自分を疲れさせてしまうことにつながります。

仕事で女性が失敗したとき、自分の評価が下がることより「周囲に迷惑をかけたこと」をつらいと感じるといいます。これも、「自分が属するコミュニティを守ろう」とする女性ならではの感覚です。

小学生の女の子も同様です。**親の期待や周囲との関係など、さまざまなものを女の子は幼くして背負っています。そして、その重さに潰されかけています。**

女の子には、もっと周囲に対する「鈍感力」を育んであげる必要があると、私は思っています。

●女の子は同調圧力を感じやすい

――「自分だけ目立つ」ことを無意識に避けようとする

小学校高学年の女の子は、センシティブな感性が芽を出し始め、大人への階段に足を一歩かけたような状態にあります。そういう時期に中学受験という節目を迎えるところに、女の子の学習の難しさがあります。

対して、男の子はまったくの子ども。世の中は自分中心にまわっていると思っているので、単純でノセやすいのです。

テレビなどでたまに目にしますが、中学受験を目前に控えた子どもたちに「必勝」などと書いたハチマキを締めさせ「エイエイオー」と気勢を上げる学習塾があります。

そんなことでその気になるのは決まって男の子。女の子にそれをやらせたら、「バカじゃない?」と引かれてしまいます。やはり、女の子には恥じらいの文化があり、それを無視して頑張らせようというのは無理なのです。

また、女の子には男の子にはない**「周囲と同調しよう」「自分だけ目立つことは避けよう」**という意識が強く見られます。だから、ほかの子が「バカじゃない?」という態度を示している中で、自分だけ「私はやるわよ。エイエイオー」とはなりません。

●本音は一番になるより、「ビリ」になりたくない

――なぜ女の子を競争原理で煽るのは逆効果なのか？

男の子は10人いたら、その中でとにかく一番になりたいと考えます。男の子は、ビリになることをさほど恥じていないので、一番になれないのなら二番もビリも大きな違いはないと感じます。

対して、女の子がまず望むのは**「ビリにはなりたくない」**ということ。一番になどなれなくていいから、真ん中よりちょっと上で充分だから、ビリだけは勘弁なのです。だから、ビリを決めなくてはならない競争の土俵には乗りたがりません。

勉強以外でも、男の子は野球やサッカーなど勝ち負けがつくものが好きです。一方で、女の子がやっているのはバレエやピアノなど自分の成長を見ていくものが多いため、あからさまに他者との間に優劣がつく状況に慣れていません。

だから、女の子は男の子と違って、テストの点数を見せ合うことも嫌いますし、自分がどのくらい勉強したかなど、友だちに言いたがりません。勉強していたとしても「していない」と言うのが女の子です。

これらはすべて、**失敗すること、負けることを避けたい女の子ならではの心理です。**こ

うした女の子を競争原理で煽るのは適切ではありません。

●女の子が「別のもの」にこだわりだすのは危険なサイン
――「きれいすぎる持ちもの」は集中していない証拠

子どもたちの持ちものを、私はよく見るようにしています。

男の子の場合、鞄の中身の整理ができている子など99・99％いません。小学生の段階でこれができていたら、勉強も相当できています。

一方、女の子で鞄の中身がぐちゃぐちゃという子はほとんどいません。むしろ、女の子の持ちもので気をつけなければならないのは、**「きれいになりすぎていないか」**ということです。

もともと、女の子はかわいい文房具が好きで、キャラクターのついたペンや、カラフルな付箋などを愛用しています。それはそれでいいのです。

ただ、その数が必要以上に増えてコレクションのようになっていたり、やたらと筆箱がきれいに整頓されているようなとき、**その女の子は勉強に集中できていない確率が高いのです。**

仕事でも、できる人は持ちものがシンプルです。資料をつくるときにやたらと色ペンで書き分けたりする人は、本質から逃げています。

鞄の中身や文房具は整頓されていたほうがいいのは明らかです。しかし、それは目的ではなく手段にすぎません。その手段に逃げて「やった気になっている」というケースが、大人でも多いのです。

「きれいすぎる持ちもの」は、女の子が発している重要なサインです。

男の子は、追い込まれていたり、勉強が楽しくないと感じていると、すぐに表情に出ます。しかし、**女の子は自分の気持ちを隠す傾向にあって**、親がそれに気づいたときには、かなり重症になっていることが多いのです。

重症になると、回復するまでの時間がかかります。

そんなことにならないように、早いうちにサインをキャッチしましょう。

第3章

勉強でも仕事でも困らない「考える力」の育て方

知識をつなげられる思考の土台づくり14の方法

社会に出たあとも「考える力」はずっと求められます。ですが、そもそも「考える力」というスキルは存在しません。自分の頭で考えられるようになるには、考えるための基礎力が必要です。知識や語彙、経験、読解力など、思考の土台となる要素をどう効果的に身につければいいのでしょうか？

1

考える力は「知識量」に比例する

考える力とは「1つひとつの知識を有機的につなげる力」

ＶＡＭＯＳでは、基礎の反復学習を徹底して行います。一方で、中学入試には、基礎的学力だけではどうにもならず、「考えて」解かなければならない問題も多数、出題されます。そのため、「基礎ばかりやっていないで、もっと考える力をつけさせなければ」と心配する親御さんもいます。

しかし、これまでも述べてきているように、考える力は基礎的な知識の蓄積があって生まれるものです。漢字がわからない子どもには、難しい書籍を読むことも、立派な論文を書くことも不可能なように、基礎的な知識が蓄積されていない子どもが「考える力」を磨くことなどできません。

ビジネスの現場でも、盛んに「考える力が大事だ」といわれます。

しかし、実に漠然としています。いったいなにを基準に、みなさん考える力について判断しているのでしょう。

プレゼンを上手にこなして契約が取れたとき、それは考える力があったからなのでしょうか。プレゼンが成功したのは業界ごとのデータ分析をしたり、見やすい書類を作ったり、市場のニーズを読み解いたり、相手の心を動かす的確な言葉を使ったりといった**基礎的なビジネススキルの蓄積**があったからだと思います。

少なくとも最初から「考える力」というスキルがあるわけではなく、基礎的なビジネススキルを総合した上で、正しく考えることができると言えるのではないでしょうか。

子どもたちにとって、基礎的知識が「既知」だとすれば、考える力は「未知」。参考書に出ていたことをたくさん覚えて既知を増やしても、未知のことはすぐには理解できません。たとえば、はじめて見るようなグラフが試験に出てきたら「なんだこれ？　自分が知らない世界だ」と焦るでしょう。

しかし、これまで勉強してきた既知の要素をいろいろ組み合わせることで、そのグラフの意味がわかってきます。

今まで一度も解いたことがないような未知の問題でも、**既知の知識の中からパーツを取りだして使っていけば解けるのです。**

一方で、基礎的な知識量が不足していれば、その問題はどう頑張っても解くことができません。

考える力とは、**「1つひとつの知識を有機的につなげる力」**と言い換えることができます。つなげる「線」だけを長く強くしようとするのは不毛で、**「点」である知識を増やすことこそ優先されるべきです。**というのも、点がたくさんあれば、短い線でもどんどんつながっていくからです。

2

子どもは文字より「会話」から知識を得る

漫画もアニメも考える力を高めてくれる

考える力のもととなる知識は、参考書などのいわゆる「学習教材」から得るものとは限りません。書籍はもちろん、漫画やアニメ、映画などをとおして、少しでも多様で幅広い知識を増やしておくことで、子どもの考える力はどんどん伸びます。

女の子は男の子と比べ、もともと読書が好きな子は多いですし、テレビでも大人向けのドラマなど物語性のある番組を好みます。こうしたものから得られる情報は多いので、息抜きに楽しませてあげましょう。

ただし、**女の子はテレビドラマにはまると勉強がそっちのけになりやすいので、時間を区切ることが大事です。**

家庭での会話も、子どもが幅広い知識を増やす上で非常に重要です。政治や経済のことから、世の中で起きている事件まで、くだらないゴシップも含めて両親と話をすることで、子どもの知識量は大きくアップします。

女の子といえども、小学生の子どもは、まだ文字を読むことが苦手な傾向にあり、その分「おしゃべり」によって知識のスイッチが入ります。

とくに、**女の子は母親とのおしゃべりをとおして、世の中のいろいろなことを学んでいきます。**料理、おしゃれ、大人としてのマナーについてなど話題はなんでもいいので、子どもが知らない知識を少しずつ織り交ぜながらおしゃべりしてください。

もちろん、父親も無関心ではいけません。「女の子のことはわからない」では、まったく父親の役目は果たせません。仕事のことでも趣味のことでもいいですから、話してあげましょう。

ただし、娘は会社の女性社員ではないということは忘れずに。**家族としての共感を根底に置いて、子どもが知りたがっていることを話してあげてください。**

3 「暗記の工夫」が考える力を伸ばす

「効率的な覚え方」で思考力は磨かれる

矛盾したことを言うようですが、暗記が得意な子どもは、できるだけ暗記を避けようとします。**「極力、覚える量を減らしつつ効率を上げよう」**と考えているからです。

彼らは、覚えなければならない項目が100あるとしたら、そのまま100を丸暗記するのではなく、それぞれに**自分なりの意味づけ**をして覚えていきます。

たとえば、「鎌倉幕府をつくったのは源頼朝」と覚えるときに、そこから派生して、ほかの将軍の名前や天皇家とのつながり、起きた事件など、関連を持たせながら覚えていこうとします。

あるいは、漢字を覚えるのでも、「泳ぐという字は水に関係しているからサンズイがつくのか」「炒めるときには火を使うからヒヘンなんだね」などと、意味を考えながら覚えていきます。

こうした工夫こそが、考える力に直結します。

以前、ＶＡＭＯＳの子どもたちが漢字について会話を交わしていたときに、「漫画の漫の字はどうしてサンズイなのか」という話になりました。すると、一人の子どもが「漫画を読むと笑って唾を飛ばすからじゃないか」と言い出しました。

その真偽はともかくとして、この会話によって、そこにいた子どもたちは「漫画の漫はサンズイ」ということがしっかり頭に入ったでしょう。

考える力とは、こういうものです。なにも、しかめっ面でうなりながら上等なことをする必要などありません。

4

学力には教科ごとの連動性がある

たとえば英語の成績は「国語力」で上がる

現在、小学校の教育では、英語は正式教科ではなく「外国語活動」として取り入れられています。その外国語も、中学校に入ると正式教科になります。

国際化の時代、親御さんは子どもの英語力について大きな関心を持っており、英語の成績が良くないと「我が子には英語力がないのか」と、かなり心配になるようです。

確かに、英語の成績が悪いのは英語力が欠けているからですが、**そもそも長文読解ができないのは、国語力が不足しているからです。**

実は、英語の長文読解でおかしな回答をする中学生は、問題文を全部日本語に訳して出題してもおかしな回答をします。つまり、彼らは日本語をちゃんと理解できていないわけです。

こういう中学生に国語の学習をさせると、それに連動して英語の成績が上がってくることがよくあります。

小学生でも同様で、いろいろな教科が連動しています。

理科の問題が解けない子どもをよく観察していると、「理科うんぬんの前に、そもそも国語力がなくて問題の意味が理解できていないのだ」とわかることがあります。

このように、苦手な教科について、その一面だけからアプローチするのではなく、**ほかの教科との連動性についても検討する必要があります。**

とくに男親には、「考える力＝理系の能力」という思い込みがあります。しかし、それは偏見であって、女の子が得意とする国語の読解力を伸ばすことで考える力をつけていくことは充分に可能です。

富士山を登るのでも、吉田ルート、富士宮ルート、御殿場ルートといろいろあるように、その子に適した登り方を認めてあげることで、女の子は「親はわかってくれている」という安心感を得られ、じっくりと考える力を養っていけます。

5 読解力は「聞く」ことでも上がる

学力の差は「問題の読み解き方」で大きく開く

私たち世代の男の子は、みんな『少年ジャンプ』のような漫画本が大好きでした。同級生の女の子はといえば、少女向け漫画だけでなく、小説に夢中になっている子も多くいました。本書の読者である親御さんたちも同様でしょう。

しかし、今の子どもたちは動画世代で、漫画の文字すら読むことを面倒がります。小学校の教師も指摘していることですが、親世代の子ども時代と比べ、著しく国語力が落ちているのです。

ところが、日常生活においては会話が成り立ってしまっているため、**親は子どもの致命的な国語力不足に気づきにくくなっています。**

しかし、理科にしろ、算数にしろ、「問題文はすべて日本語で出題される」のですから、国語の読解力がなくては、太刀打ちできません。

実際に、「この問題はなにを求めているのか」読み取るのに時間がかかったり、そもそもなにを求められているのかわからなかったりして、差をつけられている子どもたちがたくさんいます。

次ページに、渋谷教育学園渋谷中学校で出された理科の問題を紹介しておきます。いくら理科ができても、国語力がなければ読み解けないことがわかるでしょう。

日本語の文章を読む能力をアップするだけで、国語以外の成績も上がってくることは間違いのない事実です。

では、日本語の読解力のない子どもたちに、それを身につけさせるにはどうすればいいのでしょうか。英語をほとんど理解できていない人に英字新聞を与えても投げ出してしまうのと同様、いきなり長い文章を読ませても効果は上がりません。まずは、短い一文をきちんと読んで理解させることを積み重ねていくしかありません。

そのときに重要なのが**家庭の会話**です。

文字を目で見て理解することを苦手としている子どもたちに、耳からいろいろな単語を繰り返し入れ、わからないようなら説明してあげましょう。

そして、だんだんと単語の種類を増やしたりレベルを上げていくことで、子どもたちのボキャブラリーが自然と増えていきます。

イ　生存に不利な夏に孵《ふ》化することがなくなる。
ウ　捕食者《ほしょくしゃ》が多い昼に砂浜に出ることがなくなる。
エ　それ以上，産卵巣の中の温度が上がらなくなる。

問3　ウミガメは，産卵の時点では，まだオス・メスが決まっていません。ウミガメのオス・メスは，産卵巣の中の温度によって決まります。

（1）図2は，産卵巣の中の温度と，その産卵巣から出てきた子ガメのうちメスだった子ガメの割合を示したものです。図2を基に考えると，ウミガメの性は何℃より高いと，メスになると考えられますか。その温度を答えなさい。

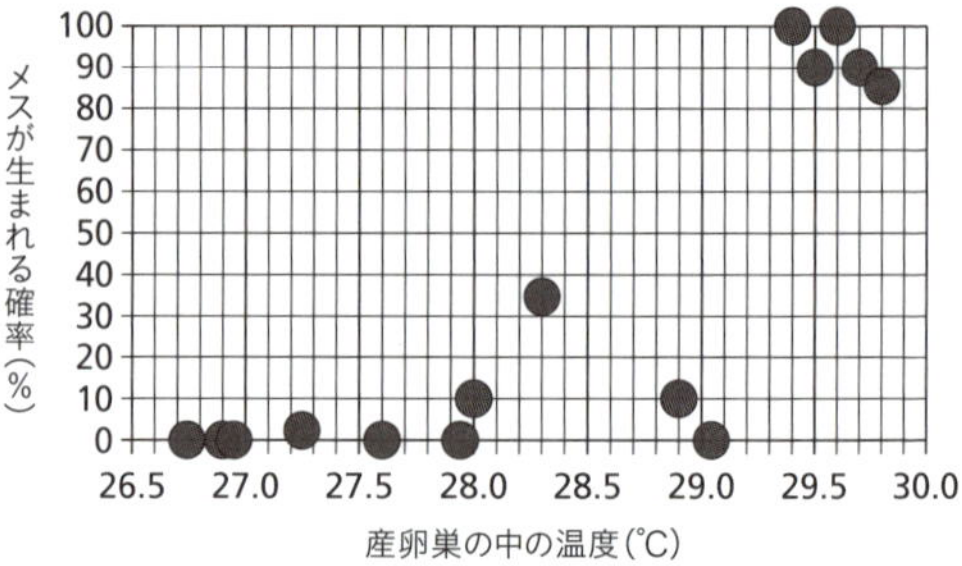

図2　産卵巣の中の温度とメスが生まれる確率

※ Maxwell *et al.* (1998)を基に作成

（2）沖縄の砂浜は，サンゴの死体が砕《くだ》けてできたサンゴ砂でできています。そのため，孵化した子ガメの性は，沖縄の砂浜ではオスの方が多く，本州の砂浜ではメスの方が多くなっています。サンゴ砂でできた沖縄の砂浜ではオスの子ガメが多く生まれるのはなぜですか。その理由を答えなさい。

問4　沖《おき》に出た子ガメは，海流に乗って移動します。この間，子ガメはフレンジーの状態とは逆で，ほとんど手足を動かすことがなくなります。このことは子ガメにとってどのような利点があると考えられますか。適切なものを次のア〜エから1つ選び，記号で答えなさい。

ア　捕食者に見つかりづらくなる。
イ　エサを見つける可能性が高まる。
ウ　体温を高いままに保つことができる。
エ　確実に目的地にたどり着くことができる。

問5　文中の下線部のように，子ガメをある程度育ててから放流することは，子ガメをどんな危険にさらすことになりますか。本文をよく読んで答えなさい。

平成29年度渋谷教育学園渋谷中学校
（問題文の一部を編集して本書用に改変しています）

図表4｜「国語力がなければ、理科の問題文を読み解けない」

1　次の文を読み，あとの問いに答えなさい。

ウミガメは海に生息する大型のカメで，全世界には7種存在します。日本の近海ではこれらのうちアカウミガメとアオウミガメの2種がよく観察されます。水族館やダイビングにおいて人気のウミガメですが，ほとんどの種についてその絶滅《ぜつめつ》が心配されています。絶滅の危機に瀕《ひん》している生物を守るためには，その生物の生態情報――どんな場所で生活するのか，何を食べているのか，何年生きるのか，何歳《さい》ごろから繁殖《はんしょく》が可能になるのか，どんなことが原因で死ぬのか，など――を明らかにすることが必要です。ウミガメという生物についての理解を深めることで，私たちは適切なウミガメ保護活動を行うことができます。

ウミガメの生態情報は，漁業で誤って捕獲《ほかく》されたウミガメや，浜辺《はまべ》に漂着《ひょうちゃく》したウミガメの死体などを調査することなどで得られますが，中でも産卵のために上陸したウミガメは貴重な情報源です。ウミガメは，夜間に産卵のために上陸し，砂浜に産卵巣と呼ばれる穴を掘《ほ》ってその中に産卵します。ウミガメは1時間ほどの時間をかけて一度に100個ほどの卵を産みます。産卵中のウミガメは，暴れたり逃《に》げ出したりすることがないので，甲羅の長さを測定したり，産卵した卵の数を数えたりすることができます。ウミガメは産卵後，穴を埋《う》め直してから海に帰ります。

ウミガメの卵は，約2か月後に孵《ふ》化し，子ガメになります。子ガメは，夜になると産卵巣から脱出《だっしゅつ》して砂浜上に出ます。産卵巣から脱出した子ガメは「フレンジー」と呼ばれる興奮期に入り，手足を激しく動かして，砂浜から海に出て，さらに沿岸域から沖《おき》へと脱出します。この興奮期はおよそ1日の間続きます。この「フレンジー」という興奮期があるおかげで，子ガメは魚や海鳥といった捕食者《ほしょくしゃ》が多く生息する沿岸域を可能な限り早く脱出できると考えられています。

ウミガメにとって，日本は北太平洋域における貴重な産卵地です。特にアカウミガメは，千葉県から沖縄《おきなわ》県までの太平洋沿岸で広く産卵していることが報告されています。これらの地域では，地域の住民などを中心にウミガメの保護活動が盛んに行われていて，そのような活動の代表例として，「ウミガメの放流」があります。これは，人間がウミガメの卵をいったん回収し，人工的に孵化させ，ある程度の大きさにまで育てた子ガメを波打ち際から海へかえすという取り組みです。この取り組みは，ウミガメを卵から子ガメまで無事に成長させることができる一方で，大きな問題があることが指摘《してき》されています。

問1　生物を仲間分けしたときに，ウミガメに最も近い生物を，次のア～オから1つ選び，記号で答えなさい。

ア　トノサマガエル　　イ　アカハライモリ　　ウ　オオサンショウウオ
エ　ホタテウミヘビ　　オ　ニホンヤモリ

問2　孵化したばかりの子ガメは，温度が高いと活動が鈍《にぶ》ることが知られています。このことは子ガメにとってどのような利点があると考えられますか。適切なものを次のア～エから1つ選び，記号で答えなさい。

ア　冷たい海の中での生活にあらかじめ慣れておくことができる。

こうして、耳から聞いて「知っている」単語は、目で見ても受け入れやすくなり、やがて文章として理解できるようになります。

親による「読み聞かせ」も効果があります。絵本ではなく趣味の本でもいいですが、子どもが興味を持つ文章を、親が読んであげましょう。そのときに、読んでいる部分を指で示していきます。それによって、子どもの中で聞いている「音」と見ている「文字」がつながっていきます。

6 「読書習慣」が考える力の土台となる

ハードルを上げすぎず、子どもが「読みたい本」を読ませる

テレビや動画のように画面の向こうから情報が入ってくるツールと違って、本は自分なりに読み解いていく力が必要になります。「雨がしとしと降っている」という文章があったとして、その具体的な様子については画像はないので自分で想像するしかありません。

このように読書は、子どもたちに考える力をつけさせる格好のツールですが、今の子どもたちは活字慣れしていません。そういう子どもたちに読書の習慣をつけさせたいなら、**子どもが興味を持って読みたがるものを与えるのが一番です。**

しかし、いきなり学術的なものを選んでくる親が多いのです。虫に興味がない女の子に『ファーブル昆虫記』などの古典を渡しても、ドン引きされてさらに理科が嫌いになってしまいます。国語が得意な女の子の中にあって、読書嫌いは不利。まずは、「活字に対する抵抗をなくす」を目的に、子どもが読みたがるものを与えてください。

7

「経験量」と考える力は比例する

思考の源泉は想像力より「知識」と「経験」

そもそも、考える力とはどういうものなのでしょうか。

なにかを創造する力といえば聞こえはいいですが、実際は**いろいろある選択肢の中から正しい解を選び出す力**に近いと私は考えています。

なにもないところから、ゼロイチで新しいアイデアを思いつくことなど、私たち大人でも無理な話です。ほとんどのアイデアは、**過去に学んだなにかの知識となにかの知識を効果的につなげたもの**にすぎません。あるいは、いくつかの経験の中から、「Aで上手くいかなかったから、きっとBかCだろう」「Bでも上手くいかなかったから、たぶんCだ」とたどり着いていく。そうした過去の経験をつなげたり、取捨選択したりすることこそが考える力です。

つまり、経験を積み重ねることが、考える力の母体になっているわけです。

美味しい料理をつくれる料理人は、たくさんの材料や調味料を使った経験があるだけでなく、美味しい料理を食べるという経験も積んでいます。

だから、普段から家庭においても、子どもにさまざまな経験を積ませてあげることが重要です。

それはなにも、旅行などの大がかりなイベントである必要はなく、バドミントンやキャッチボールといった遊び、洗車、トイレ掃除、洗濯もの干しなど家事の手伝いであってもいいのです。そうしたことから、普段接点のない言葉を覚え、考える土台となります。

また、食後の食器洗いも、最初は要領が悪いですが、何度かやっているうちに**「そうか。こうするともっと効率的にできるのか」**と子どもなりにわかってきます。そうした日常生活の中での経験の積み重ねが、まったく別の状況においても**考える際の道具**となるのです。

8 エラーを可視化する

信頼関係をもとに、間違いが恥ではないと教える

算数の計算1つとっても、男の子と女の子では解き方のプロセスに違いがあります。

男の子はまず手を動かし、「うわ、違った」「あれ、違った」とトライ&エラーを繰り返す中で、正解にたどり着くというやり方を好みます。

とにかく手を動かしてしまうため、間違いの形跡も残り、自分が正解にたどり着くまでのプロセスを目で見て学び取ることができます。

一方、女の子は、そもそもプリントをぐちゃぐちゃに汚したくないし、自分のミスを残すということを嫌います。

そこで、まず頭の中であれこれ筋道を考え、「だいたいこの方向だな」というのが見えてから鉛筆を使い、きれいに仕上げます。

それだと、きれいではあるけれど、正解にたどり着いたプロセスが残せません。

ただ、女の子は可視化の重要性は充分に理解しています。理解しているけれど、プリントが汚くなったり、そこに、「自分が間違った記録」が残ることを嫌うために、男の子のように単純な可視化がなかなかできないのです。

そこで、女の子には、**間違ってもいいことや、間違いの痕跡を残すのが恥ではないことを伝えてあげる必要があります。**

さもないと、頭の中で正解をつくり出せる範囲内から抜け出し、その先へと伸びていくことが難しくなってしまいます。

友だちに汚いプリントは見せたくないのが女の子ですから、そこは家庭での役割が大きくなります。

信頼関係が構築できていて、安心できる環境の中で、間違った過程を可視化し、さらに上のステップへと進む学習を手伝ってあげてください。

9 テストで「実践力」を鍛える

効率的なアウトプットには「慣れ」が必要

私たち大人が想像している以上に、子どもたちはアウトプットが苦手です。問題を解くための材料はいっぱい持っているのに、それをどう使うかの実践力が弱いのです。

まさに、子どもの頭は便秘状態。彼らは、「入っているのはわかっているんだけど、それがどこにあったかわからなくて引っ張り出せない」状況にいます。

中学入試では、決められた時間内に必要な知識を効率よくポンと出さないといけませんが、それには一種の慣れがものをいいます。**普段から模擬試験をたくさん受けて、インプットした知識をアウトプットする練習を重ねさせましょう。**

模擬試験では、単純に点数が伸びたか否かで一喜一憂するのではなく、子どもの中にアウトプット力の変化が起きているかどうか、効率よく必要な知識を引っ張り出せる経験が積めているかどうかにも注目していきたいところです。

10

考える力は「処理能力」とペアで伸ばす

差が生まれる「時間管理」と「段取り」のスピード

考える力の対極に「処理能力」があります。

ビジネスでも、いいアイデアを生み出すことに長けた人もいれば、事務的な仕事をテキパキと片づけていく能力を有した人もいます。

ただ、大人の場合、考える力がある人はたいてい処理能力も高く、必要に応じて使い分けているケースが多いようです。どちらかの能力が傑出して高いというのでない限り、どちらも必要なのが大人社会です。

スポーツの世界も同様で、いくらサッカーの戦術に優れていても、まわってくるボールを的確に処理できなければ試合で使ってもらえません。

ところが、子どもの場合、せっかく考える力はあるのに、処理能力がなくて受験でいい結果を残せないという、もったいないケースがたびたび見受けられます。いわゆる「やればできるんだけどね」という子たちです。

彼らは、**「時間管理」**や**「段取り」**が苦手なのです。ただ、処理能力は後天的に身につけやすく、考える力よりも努力次第で伸ばすチャンスがあるものです。

灘中学の入試は2日に分けて行われます。1日目は、参考書に載っているような問題をひたすら速く解く処理能力を問い、2日目は考える力を見ます。この対極の力の合計点で合否を決めます。

ほかの一般的な中学入試では、もう少しファジーに2つの要素が混ぜ込まれています。しかし、いずれにしても、**決められた時間内に必要なことを見極めて処理していく**というミッションをこなせなければ受かりません。

だから、考える力うんぬんの前に、**処理能力を身につけさせておくことが重要です。**

とくに、女の子の受験では処理能力を問われる問題が多く出ます。

模擬試験などで経験を積ませたり、親が時間を決めていくつかの問題を解かせ、その時間配分や段取りを見てあげたりするというのもいいでしょう。

11 家事は「段取り力」を磨く最高の学校

「ミクロ」ではなく、全体像がわかる「マクロ」で手伝わせる

女の子はもともと真面目で、決められた時間や段取りを守ろうとします。一方、**上手に手を抜くことができず、丁寧に1つひとつ終わらせていく傾向が見られます。**

ただし、実際の入試では、限られた時間内に少しでも多くの点数を稼ぐことが必要なので、より実践的でダイナミックな段取り力をつけたいところです。

そこで、母親の出番です。スーパーでの買いものや料理、掃除など家事全般をとおして、それを教えてあげてほしいのです。

母親にとって、家事はすでに習慣になっており、深く考えないで行動していることでしょう。しかし、冷蔵庫に残っている食材を頭に浮かべ、いかに無駄なく栄養バランスのいい料理をつくるかを考え、しかも、スーパーではまず野菜や調味料などをかごに入れ、鮮度が重要な魚は最後にまわすという高度なことをやっています。

また、調理にあたっては、「7時にちょうど温かい状態で出せるように」と時間を意識し、コンロを使いまわして複数の料理を仕上げていきます。

こうした行動は、「超」がつく段取り力がなくてはできないことです。

そして、そうした力は、大人になってからの生活面ではもちろんのこと、受験当日にも間違いなく求められます。

ですから、一緒に料理をつくりながら、「なぜ、まずタマネギから切るのか」「どうして今、鍋を火にかけたのか」といったことを教えてあげてください。

もちろん、いちいち説教臭く上から目線で言ったのでは、子どもも嫌になります。ゲーム感覚でお母さんと一緒に買いものや料理ができたら、いい息抜きになると同時に、秀でた段取り力を身につけることができるでしょう。

このとき重要なのは、**部分だけやらせるのではダメだということです。**

「○○ちゃん、キュウリ切って」と別のテーブルでキュウリを切らせたのでは、それはあくまでミクロのお手伝い。マクロを見せて、**「今やっていることは全体にとってどういう意味があるか」**を考えさせないと段取り力はつきません。

12
理科の苦手な女の子のための秘策
生きた自然科学を最もスムーズに学べる方法

「子どもに家事を手伝わせる時間があったら勉強させたい」と考える親もいます。

実は、母親自身、気づいていないかもしれませんが、**家事には理系の要素がたくさん含まれています。**だから、理系が苦手な女の子にとって、家事はお母さんと楽しくおしゃべりしながら、その概念を身につけることができる重要なチャンスと言えます。

たとえば、料理では、いろいろな食材を包丁で切ります。そのときに、漫然と切るのではなく、「この豆腐を、こういうふうに斜めに切ったら、表面はどういう形になるかしら」と、子どもと一緒に考えながら切ることだってできます。

立体的なものの切り口を、平面のプリントに示された図だけで理解したり、見えない補助線を引くことは、空間概念に弱い女の子の脳は苦手です。しかし、日常の家事の中で経験を積めば、そのイメージをつかむことができます。

そのために、味噌汁の中に入っている豆腐が三角形になっていても、そんなことはどうでもいいではありませんか。

熱を加えることで固形の調味料が溶けたり、調味料を入れることで沸点が変化することも、すべて理系の要素です。

洗濯ものをピンチハンガーに干すときには、洗濯ものの大きさや重さを考えないとバランスが取れません。**いかにバランス良く干すかを考える作業も、理系の思考を磨きます。**

おそらく、母親もかつて理系が苦手だったことでしょう。だから、母娘二人してトンチンカンなことをやってしまうかもしれません。それでいいのです。

「やだ、お母さん。間違ってるよ」と大笑いしながら学べる場を、子どもに与えてあげましょう。

13 子どもに決めさせて、親は見守る

考える力はあっても「決断」できなければ意味がない

考えるという作業において、最も重要なプロセスは**「決断」**です。

ビジネスでも、考えて考えて「もうこれしかない」というものが見えていても、最後に決断ができなければ、それまで考えていた意味はありません。

ところが、集団の意思を重視する日本社会では、大人であっても決断はなかなか大変。子どもであれば、なおさら大変です。しかし、だからといって、その大事な仕事を子どもから奪い取ってはいけません。

中学入試で問題を解いている最中はもちろんのこと、子どもたちの将来においても意思決定のスピードを上げていくことは非常に重要です。そして、そうした力は、**経験を積んでいかない限り身につきません。**

たとえば、迷路で遊んでいる子どもに対し、「そっちじゃないよ」と言ってしまったら

どうなるでしょうか。子どもは、道を選ぶ決断の機会を持てません。

たとえ、間違った道であっても、子どもがその道を行くという決断をしたなら、見守ることが必要です。川に落ちて命の危険があるというならともかく、時間がかかったり、子ども自身が疲れ果てるくらいで済むのなら、それは重要な経験となるからです。

一番いけないのは、なんでも親が決めてしまい**「ほらね、やっぱりお母さんの言うとおりにするといいでしょう」と念を押すこと。**これによって、子どもの「自分で決める力」はまったく育たなくなります。

実は今、排尿のタイミングがつかめずに、どのくらいもつか不安でしょっちゅうトイレに行く子どもが増えています。これも、母親が「そろそろトイレに行っておきなさい」と細かく指示を与えているからです。いつトイレに行くかは、自分ではなくお母さんが決めてくれるものだと思い込んでいる、笑い話ではすまない子どもが増えているのです。

女の子にとって決断力は重要ではないなどと、ゆめゆめ思わないでください。**女の子の人生は男の子に比べて、はるかに「選択」機会が多いのです。**

結果がどうであろうと、自分で選択したことであれば納得できますが、「○○さんの言うとおりにしたのに……」と言っている限り納得感は得られません。

そんな人生を歩ませないよう、幼い頃から決断力を育ませましょう。

14

周囲が「決断のハードル」を下げてあげる

女の子は男の子よりずっと決断の意味を理解している

考えて決断していく力は男の子のほうがありそうですが、小学生の段階では女の子のほうが上です。

ただ、「自分が正しいと思えるもの」を選ぶ男の子と違って、女の子は「ベストじゃなくてもいいからベターなもの」を選択する傾向にあります。というのも、もともと選択の場面が男の子より多い女の子は、選ぶことに疲れてしまっているのです。

スティーブ・ジョブズがいつも黒い服を着ていたのは、「服を選ぶ悩みが減るから」だといわれています。「自分もそうしたい」と考えている父親も多いでしょうし、男の子は放っておけば何日でも同じ服を着ていられます。

しかし、女の子はそうはいきません。服選びから髪型、鞄に入れるハンカチまで、「今日はどうしよう」と迷い、自分で決めていきます。それは楽しいことかもしれませんが、ときには苦痛だということが、母親ならわかるでしょう。

人間関係についても、男の子なら「みんなでサッカーしようぜ」で済んでしまうところを、女の子はグループや友だちを選ぶところから話題選びまで、小学生の段階ですでにやっているのです。

だから、女の子は「決めろ」と言われれば絶対にそれができます。**ただし、決断疲れしているために、男の子のように「自分で決めたい」という主張が表に強く出ません。**それを見て、「自分で決められないのだ」と間違って解釈してはなりません。

女の子にとって望ましいのは、「とっとと一人で決めろ」でも「大人にまかせろ」でもなく、**自分が決めることを周囲が共感を持って見守ってくれる環境です。**

選ぶことに対する緊張感を緩和し、リラックスさせてあげましょう。そして、**間違った選択をしても気にしないで済むようなフォロー**を心がけてください。

具体的には、「○○ちゃんの決めたことは応援するよ」というスタンスを取りつつ、明らかに間違っているようなケースでは、「もしかしたら、こっちは危ないかもしれないね」「失敗するかもしれないけれど、ダメだったらやり直せばいいか」と一緒に考えていく姿勢を示すといいでしょう。

第4章

隠れた「やる気」を引き出す女の子の目標・計画術

不安を感じやすい心を前向きに変える12のコツ

女の子は男の子と比べて、計画を立てて勉強を進めていくのが得意です。だからといって、放っておけばいいということではなく、しっかりと女の子が計画を遂行していくための動機づけや環境づくりが必要です。本章では、ネガティブ思考に陥りやすい女の子の特性をポジティブ転換するロードマップの描き方を紹介します。

1

勉強ができる子ほど計画が細かい

細かい計画を立てるほど、勉強もはかどる

勉強ができる子どもたちを見ていると、男の子と女の子では計画の立て方がまったく違うのがわかります。

男の子は上手く計画を立てられませんが、女の子は自分でしっかりそれができます。小学生の頃は女の子のほうが決断力があり、「いつなにをやればいいか」の見極めも確かなのです。

「計画錯誤」という心理学用語がありますが、現実的でない計画を立ててしまうのは男性脳の仕業で、女性脳は地に足のついた計画を立てられると言われています。

女の子は、**目の前の課題が1週間後にどういう意味を持ってくるのか、1か月後にはどういう成果となって表れるのか**ということを理解できます。そして、それを理解させた上で勉強させると大きく伸びるのが女の子です。

とくに、12歳くらいの女の子は、すでに自我が芽生えて人間としての完成形に近くなっています。だから、自分が立てた計画に沿って勉強できる子が非常に多いのです。

男の子の場合は、計画というほどの大仰なものではなく、目の前のミッションを1つずつこなしていくというやり方が向いていますが、**女の子は細かく計画を立てさせて大丈夫です。**

具体的には、月の目標を決め、その目標を達成するには週ごとになにをすべきかを考え、さらには1日単位のスケジュールに落とし込んでいきましょう。

左ページに載せたのはVAMOSの授業内容の一例です。

男の子は「今日はなにをやるんだっけ？」とその場で確認する子が圧倒的ですが、女の子の場合、これを見て、計画的に勉強し、準備を整えてきます。

それができる女の子には、自主的に計画を立てさせてあげましょう。

もちろん、必要に応じて手助けをし、女の子が「親に応援してもらっている」という安心感を抱けるようにしてください。

図表5｜VAMOSの授業内容の一例

	予定	教科	内容		予定	教科	内容
8:00	自習（予習・復習）	社会	地理（日本の工業）	16:00	休憩		
8:30		理科	生物（植物のつくり）	16:30	授業	国語	読解演習（随筆）
9:00	授業	算数	文章題（図形の面積・角度）	17:00			
9:30				17:30			
10:00				18:00			
10:30			文章題（割合と比）	18:30			
11:00				19:00			
11:30				19:30			
12:00	昼食・休憩			20:00			
12:30				20:30			
13:00	授業	理科	地学（天体）	21:00	自習（予習・復習）	社会	歴史（年代の暗記など）
13:30				21:30			
14:00				22:00		国語	漢字学習
14:30		社会	歴史（近代社会）	22:30			
15:00				23:00			
15:30				23:30			

2

女の子は「目標達成」がご褒美となる

「モノ」ではなく、自分でできたという自己肯定感が大切

子どもでなくとも大人でも、人がある行動を継続して行うためには、その行動に対するご褒美が必要です。子どもに勉強を続けてもらいたかったら、適宜ご褒美を考えなくてはなりませんが、女の子の場合、なかなか難しいのです。

単純な男の子の場合は、安い駄菓子だろうとオマケのボールペンだろうとご褒美をもらったということでモチベーションはアップします。男の子はいくつになっても、くだらないオモチャやガラクタが好きです。

対して、女の子は12歳くらいからオモチャに対する興味を失っていくといわれており、「モノ」では簡単には喜びません。大人の女性が、プレゼントしてもらったブランドもののバッグを売ってしまうのと同じように、よほど自分好みのもの、ほしいと思っているものでなければ、もらっても女の子にとっては迷惑なだけ。安いシャープペンシルなどゴミ

箱に直行となるかもしれません。

実は、女の子にとっては**「ミッションをコンプリートした」という達成感そのものが大きなご褒美となります。**

大人の女性でも、たくさんの家事を片づけなければならないようなときに、細かくあれこれ計画を立て、そのとおりにできると「よし、終わった！」という達成感が得られるのではないでしょうか。そして、それが毎日の家事を片づけるモチベーションの1つにもなっているはずです。

子どもも同じです。

「家事を手伝え」と夫に言っておきながら、自分の考えている流れと違うとむっとした気分になるのも、ある種の達成感を邪魔されるからだと私は考えています。

女の子のモチベーションをアップしたいと考えるなら、トンチンカンなものを与えるのではなく、**計画したことを自分がちゃんとできたと認識させてあげましょう。**

そのときに、可視化して明確に認識させると同時に、親も一緒に喜んであげてください。

女の子が頑張る理由は、自分のためだけではないのですから。

3 女の子は「負の連鎖」に注意する

客観的な数字でネガティブ要因を取り除く

女の子は、物事の因果関係について、いろいろ連鎖させて考えます。

たとえば、母親がふさぎ込んでいるとき。男の子は「お母さんが元気がない」としか思いませんが、女の子は「お母さんが元気がないのは、私の成績が悪かったからだ」と連鎖させます。

しかも、たいていが**「負」の連鎖**で、「お母さんがニコニコしているのは、私の成績が良かったからだ」ということはめったにありません。

こうした傾向は、日々の学習にも見て取れます。

教科別の成績について、男の子は、得意な教科も不得意な教科も「そのまま」捉えますが、女の子は連鎖させます。

あるテストの結果が、国語85点、社会70点、算数55点、理科35点だったとしましょう。

すると女の子は、どうしても最低の理科に目がいき、「35点しか取れない私では、ほかの教科ももうダメだ」となっていきます。「国語で85点も取れるんだから、ほかの教科もがんがんいける」とは考えてくれないのです。

こうした負の連鎖は、女の子が自らの可能性を潰していくことになりかねません。

女の子をそこから抜け出させるには、「そんなことないよ」「気にしすぎだよ」と励ますのではなく、**可視化した材料を与え、一緒に考えてあげる姿勢が必要です。**

「ほら、○○ちゃんは理科ばかり見てしまっているけれど、実は平均すると60点を超えていて、上位4割に入っているよ。それに、国語は前回よりも10点も上がったじゃない。だから理科も頑張れば大丈夫だよ」

こうして、**客観的な数字**を挙げながら応援してあげましょう。

4

「やったこと」を可視化してあげる

不安を打ち消しながらPDCAサイクルをまわす

女の子は計画を立てたら、それをこなし、かつ「やった」とチェックを入れることを好みます。大人たちが仕事に取り入れているPDCA（計画・実行・検証・改善）を、小学生の段階でやりたがるのです。

そこには、**「やったこと」を可視化して安心したい**という、女の子ならではの発想があります。

たとえば、苦手な理科のテストが迫っているとき。

男の子の場合、根拠のない自信で「なんとかなるさ」と臨みます。

一方で、不安が先行する女の子は、その不安を打ち消して臨みたいと考えます。そこで、可視化したものを確認し「あ、私やっているじゃん。大丈夫」と自信を取り戻しているわけです。

だから、女の子に計画を立てさせるにあたっては、**やったことが明確にわかる**ようなものにしておくといいでしょう。

エクセルでつくっても、手書きでもいいですが、いずれにしても教科別に色分けされていたり、勉強した部分を塗り潰せたり、カラフルで楽しく可視化できるものがベストでしょう。

女の子が苦手とする競争原理に巻き込まれる前に、こうした楽しい作業で、**勉強という行為そのものを好きになってもらうのです。**

男の子にとっても女の子にとっても、達成感を味わうことは次へのモチベーションとなります。とくに女の子は、地道な積み重ねを可視化することが自信につながります。

そのための楽しいチェック表を一緒につくってあげましょう。

5

受験は「2年前」からスタートする

女の子は遅れると勉強しなくなる

女の子は、男の子よりも計画性があるという長所がある代わりに、**追い込みに弱い**という短所があります。

また、短期間に強いプレッシャーをかけると、**失敗を恐れて小さくまとまってしまう**恐れがあります。

さらに、女の子には恥じらいの文化があり、「自分がほかの子に後れを取っている」と感じると、その時点で勉強が嫌になってしまいます。

加えて、生理的な体の変化で、勉強に集中できない時期も出てきます。

そういうことをすべて勘案すれば、女の子には、**なるべく早くスタートを切らせ、前のほうを走らせてあげたいところです。**

具体的には受験をする2年前には、そのための勉強をスタートさせるといいでしょう。

6

女の子は「目標」が好きではない

「ちょっと背伸びして頑張ればできる」目標を設定する

計画についてだけでなく、目標についても男の子と女の子では違ったアプローチが必要です。

男の子は、深く考えずにどうやったってできない分不相応な目標を立てます。女の子は男の子と違って、自分を客観的に見ており、それに沿った目標を立てることができます。

でも、女の子は目標を掲げることがあまり好きではありません。

というのも、真面目なために、**自分が掲げた目標を達成できなかったら、それは失敗だと捉えるからです。**到達できなかったときのことを考えて、「だったら目標なんて立てたくない」と考えてしまうのです。

だからといって、「達成できて当たり前」の低い目標でよしとしていたら伸びるものも伸びません。ここで、大人のフォローが必要です。

「ちょっと背伸びして頑張ったらできる」くらいのレベルの目標を設定してあげると、女の子ならではの責任感や遂行能力の高さでもって、それをクリアしていきます。そして、できたことで自信を深めていけます。

女の子の場合、いかにそのさじ加減を上手くやるかが大事。

子どもの現時点での能力を確かめ、頑張ればクリアできそうな目標を、一緒に設定しましょう。

そのときに、「もし、達成できなくても大丈夫。失敗してもいいんだよ」と一声かけてあげましょう。

7

「思っていたほど怖くない」を経験させる

女の子には失敗へのリミッターを外させる工夫をする

成長するためには、男女関係なくトライ&エラーが必要です。少し高いハードルに挑戦して失敗することで、今の自分はどのくらいなら飛べるのか、もう少し高いものを飛ぶにはどうしたらいいかということを、子どもなりに自分で習得していかなければなりません。

ただ、女の子の場合、たびたびエラーがあればトライしなくなってしまいますので、**エラーの割合は少なめに留めます。**

そして、そのエラーのときに、**「もうちょっと頑張ればクリアできる」**といった感触を得られるようにしてあげるといいのです。

どういうことか、跳び箱を例に考えてみましょう。

男の子は、粋がっていきなり高い跳び箱に挑戦し、派手に転がるということをします。それを何度もやっているうちに飛べるようになっていけるのが男の子です。

でも、女の子は怖がりで、なかなか高いものは飛ぼうとしません。女の子が、実力よりも高い跳び箱に挑戦するときは、補助者がさりげなく体を支えるなどフォローしてあげることで、やがて一人で飛べるようになっていきます。

補助者がフォローしてくれても、最初はおしりをちょっとぶつけるでしょう。それでも、「ちゃんと飛べなかったけれど、おしりのところをちょっとぶつけるくらいで済んだ」「思っていたほど怖くなかった」という感触を得ることで、女の子のリミッターが外れていきます。

勉強に限らず、スポーツや日常生活をとおして、**「思っていたほど怖くなかった」**を体験させてあげましょう。

8

「理由がわかれば」女の子は目標に向かう

理屈が通るのが女の子の大きな利点

女の子に、少し背伸びした目標をクリアさせようと思ったときに、ただ「やりなさい」と言っても無理です。**女の子は「なぜ、それをやるのか」という、納得できる理由がなければ頑張ることができません。**

「○○ちゃんが行きたがっている中学の入試には、計算がいっぱい必要とされる理科の問題が出るよね。だから、今よりももっと計算を得意にしておいたほうが有利だよね。毎日の計算問題を増やしたほうがいいんじゃないかな」

こうして、信頼関係が築けている親が一緒になって考えた上でハードルを上げていくと、女の子はその目標に向かってとても前向きに取り組みます。

男の子は、「やれ」のひと言でやるときもあれば、理由があってもやらないものはやりません。それに比べ、ちゃんと理屈が通るのが、女の子の大きな利点です。

9 苦手克服のアプローチを使い分ける

「情緒」と「ロジカル」の両面から説明してみる

男の子も女の子も、それぞれ一人ひとりが得意分野と不得意分野を持っています。女の子の場合、男の子のように教科ごとのバランスが悪いケースはあまり見受けられません。それは、女の子は悪い点数にフォーカスし、「それをなんとかしなければ」と考えるからです。

別の角度から見れば、女の子は苦手教科をとても気にしているということです。それがいい方向に行けばいいのですが、勉強嫌いになってしまっては困るので、やはり苦手教科の克服は大きなテーマとなります。

女の子は、算数や理科が苦手な傾向にありますが、彼女たちには**「公式」に対する拒絶反応**が強くあります。

そこで、算数や理科の問題を解く過程をロジカルにしすぎずに、**少しでも情緒的な言葉**

を使って説明してあげるといいでしょう。

逆に国語が苦手な子には、情緒で解釈せずに算数的なロジカルなアプローチができます。長文を情緒的に読み込もうとせずに、部分部分で切り取り「ここまでをAとして、そこからここまでをBとして、残りをCとする。すると、AとBは逆のことを言っていて、CはAに近いところに戻して結論にしているのがわかるよね」などと、少しでも算数の公式的な考え方に変換してあげるのです。

実際に、「この著者はここでなにを訴えたいのか」といった設問などは、論理パズルを解いているようなもの。本当は1つの答えに落とし込めるはずがないものを、一定のパターンに基づいて問題をつくっているわけですから、まさに国語にも公式があるわけです。

苦手教科にかける時間をどう配分するかといったことも、親が子どもと一緒に考えていく必要があるでしょう。単純に、4教科に4分の1ずつ時間を分けるのではなく、そのときの子どもの伸び具合によって、苦手教科を7割、ほかを1割ずつにしたりといろいろ考えられます。

いずれにしても、子どもはロボットではないので、**大人が考える理想の配分に固執すると失敗します。**要するに、その子が苦手な教科にポジティブに取り組んで成績がアップすればいいのです。

10 「相対」と「絶対」の2つの目標を立てさせる

「○○さんに勝つ」と「問題300問」が目標を最適化する

もともと、しっかりと学習計画を立てている女の子ですが、6年生の秋以降は目標設定とそれを遂行するプロセスの繰り返しをしていくことになります。もう、受験は目の前だからです。

月ごとに目標を設定し、それを計画的に遂行させていきましょう。

具体的には、**相対的目標**と**絶対的目標**という2つの側面からアプローチしていきます。

相対的目標は、偏差値をいくつまで上げるか、あるいは「○○さんには勝ちたい」というのでもいいので、**基準となる数値や相手を見据えて設定させます。**

絶対的目標は、漢字を500個書くとか、計算問題を300問解くというもので、周囲との比較ではなく、**いわば自分との戦いです。**

この段階で楽すぎる目標を設定していると、志望校には合格できません。

6年生の秋になり、いよいよ受験が迫ってきたときに、そのズレた目標設定ではいけないということを自ら意識し、現実と照らし合わせながら最適の目標を見つけ出してくる作業は、子どもにとって必須です。

こうした作業をとおして、「いくらやっても、この差は埋まらない」といったことに気づき、子ども本人の中で自ずと志望校が絞られていきます。

あるいは、「〇〇中に行きたいけれど、このままでは無理。しばらくバレエは我慢して、勉強時間をもっとつくろうか……」と子どもなりの工夫を始めます。

そうした過程で、クラブ活動などを続けるかどうかについても本人が悩み、決めていきます。結局のところ、**志望校は親が決めるのではなく、子どもが自分で決めるものです。**

ちなみに、相対的目標と絶対的目標の2つを立てさせるのは、バランス面もありますが、2つあれば、**どちらかは達成できる可能性が高いからです。**

1つしかない目標を達成できなければ自信を失うでしょう。あるいは、達成できないことを恐れ、そもそも立ててくる目標が低くなります。すると、自ずと志望校のレベルも低くなってしまいます。

とくに自信を失いがちな女の子には、2つの目標が必要です。

11

「学習日記」で自分と向き合わせる

自己分析と言語化の精度は偏差値に表れる

6年生の秋になると、VAMOSでは、自分の目標とその達成度などについて、日記形式で記録を残す作業を始めます。

「自分の現状、悩み、成績などについて、なんでもいいから書いて」と、A3サイズのノートを渡し、自由に書いてもらいます。

本人と講師しか見ない、交換日記に近いものです。

口で言うだけでなく、書いて読み直すことができる日記は、自分と向き合う格好の材料となります。

中学生になってしまうと、思春期特有の反抗心もあり、こうした日記は機能しなくなりますが、まだ自分と向き合うことがなかなかできない小学生の段階では、非常に有効に機能します。

図表6｜毎日の進捗を把握するための学習日記

No.

Date

~知っていたのに書けなかった単語~

㊋・地方自治…地域の住民が自ら地方の政治を行うこと。
・最高法規…日本国憲法のきまり →憲法に反する法律・命令は無効
・情報公開法…「知る権利」を保障する
・労働基準法…男女同一賃金・労働条件の最低基準
・政教分離…政治と宗教を切り離す。
・公職選挙法…立候補の手続き、投票方法・選挙運動について
・連立内閣…複数の政党が与党となる
・間接民主制…代表者が議会で話しあい、政治を進めるしくみ。
・定足数…本会議を成立させるために必要な出席数。
・議院内閣制…国会に対して政治上の責任を内閣が負うこと。
・地方分離…国の仕事を都道府県に移すこと。地方分権
・違憲立法審査権…法律が憲法に違反しているか調べる権限。
・閣議…行政について決定を行う会議。

~記号~(間違えた)
○信教の自由は精神の自由ではない
○国民は憲法を尊重し守らなければならない立場の人として、あてはまらない
○小選挙区は、小さな政党には不利 →二大政党制になりやすい。死票が多い
○参議院の比例代表の選挙は政党名または候補者名を書く

9/4(火)
今日は、社会の週テスト問題集をやった。公民で、日本国憲法と国会をやった。(どっちも今回はよく出来た!)
日本国憲法は詳しい所まで覚えられていて点数も高かった。2つ、文民統制と弾劾権が書けなかった。国会も今回はすごく点数が高かった!～党とかは、与党・野党の違いを次からは覚えたい。

9/6(木)
今日は、算数をやった。場合の数で、選び方とか組み合わせのやつだった。久しぶり(おとといをやっていた)だったけれど、出来た気がする。いつもより樹形図も書かないで式を書いて解けた。複雑なやつも、式で解けたからよかった。週テストでやったやつも、今回はすごく点が高かった。(満点じゃなかったのが悔しい)以前と比べたら、式も書けていて出来ていたと思う。次は満点をとる。
場合の数(3) 96/100 (4) 97/100 週
段々算数でも取れるようになってきたね。

9/7(金)
抵抗
今日は、理科と算数をやった。理科は「電流と抵抗」をやった。夏期講習前以来で久しぶりにやったから結構出来なかった。豆電球の性質とかは出来た方だと思う。直列・並列つなぎの所は、かなり出来なかった。～Aとか～Aのやつ。計算問題だから、がんばって慣れていこうと思う。算数は「平面図形と比」をやった。夏期講習でやったおかげで今回すごく出来た。週テストの8で今日はCもやることが出来た。それでもまだ出来なかった問題があったから、次からはその問題も出来るようにする。素晴らしい!!
算数 週テスト「平面図形と比(2)」 100/100 (3) 82/100

Ａ３サイズの大きなノートを使うのは、好きなようにいろいろ書いてもらいたいからですが、結果的にその子の状態がよく見て取れます。自己分析が深くできる子は、いろいろなことを書いてきますし、できていない子はわずか数行で終わってしまいます。**このクオリティの差は、偏差値の差とも言えるのです。**

実は、このノートに、親がコメントを書き込んでくることがあります。子どもに代わって「○○ができていない」などと分析しており、その分析はたいてい私たち講師のものと一致しています。だから、「親はちゃんとわかっている」ということは理解できますが、それは意味のないことです。

というのも、子ども本人が思っていることと、大人たちが思っていることが一致しているかどうかが大事なのであって、講師と親が一致していることを確かめても、なんにもならないのです。

このノートの役割は**「自分で気づかせる」**こと。大人がうるさく指示を与えるためのものではありません。

もし、家庭で取り入れるのであれば、そこを忘れないでください。

12

「授業8割・自習2割」が黄金比率

8割はマスト学習でも2割は子どもにやることを考えさせる

グーグルでは、社員の仕事の8割はノルマ方式で、残りの2割は自由で遊びのあるものにしているといわれています。

VAMOSの教え方もこれに近いところがあります。

8割の時間は、みんながやらねばならない「マスト」の学習に費やします。

そして、**残りの2割は自分でなにをやるかを考えてもらいます。**そのとき、各自が学習日記に書いた内容なども考慮に入れながら、私たち講師も一人ひとりへの課題を与えていきます。

この、「一人ひとりで異なる2割」があってこそ、**8割のマストの学習に対する吸収力や伸び率がアップします。**

私たちが接しているのは、ロボットではなく生身の人間です。一口に「小学生」と言っても、一人ひとり違うのです。

私は、ＶＡＭＯＳは寿司屋で、預かっている子どもたちは**「生もの」**だと思っています。寿司屋である以上、ネタの種類によって扱い方を変えるのは当たり前だし、気温や湿度などを気にしながら細かい調整をしなくてはなりません。

その日に教室に入ってきた子ども一人ひとりの顔を見て、私は教え方を柔軟に変えています。

親もまた、子どもという生ものを扱っている寿司屋なのだという認識を持ってください。

第5章

いますぐ成績を上げる！最強の「必修4教科別勉強法」

算数・国語・理科・社会の点数を伸ばす26のポイント

学力を上げるにはなにより「絶対的基礎力」の習得が必須です。これを飛ばして先に進んでも、成績は決して上がりません。さらにやっかいなのは、教科同士にも連動性があること。基礎学力は小手先のテクニックでは身につかないのです。ここでは、４教科ごとの基礎力を身につけるためのポイントをまとめました。

［算数］1

連動性があるのでステップは飛ばさない

わからなくなったら必ず前に戻って再スタートする

小学生の段階で算数が苦手だった女の子は、中学生になってからも数学が苦手なケースがほとんどです。

それは、単純に好き嫌いの問題ではなく、算数（数学）というジャンルは、**小1〜高3まで一本の道になっており、途中で躓くと先に進むことが難しくなるからです。**

小学生なら、1桁の足し算、引き算、掛け算、割り算ができなければ、2桁の問題は解けません。小数がわからなければ、小数が出てくる方程式は理解できません。算数はとくに、ステップを飛ばしてはいけない教科です。

算数の成績がなかなか伸びないときには、今やっているところを何度も復習させるより、**ちょっと前に戻ってどこで躓いたのかを把握してください。**そして、それを反復学習によってしっかり身につけ、そこから1つずつステップを上がっていきましょう。

［算数］2

算数はかけた時間に比例して偏差値が上がる

センスが必要な問題は実際ほとんどない

「うちの子には算数のセンスがない」と心配する親御さんは多いのですが、センスが必要とされるのは、ごく一部のトップ同士の争いにおいてです。

中学入試でも高校入試でも、算数や数学の問題は、市販の参考書の類題が95％を占めており、センスがなければ解けない問題は5％にすぎません。実は、算数はセンスの有無など関係なく、**普通の子が学習レベルや偏差値を最も上げやすい教科です。**

算数は覚える量が圧倒的に少ない上に、国語のように日頃からの読書量が求められたり、理科のように自然との触れ合い経験がものをいったりする教科と違い、勉強にかけた時間に比例して成績も伸びやすいのです。

算数は苦手意識を持たないで、計算問題をたくさん解くなど時間を費やしましょう。その分、確実に伸びていることを実感できたら、算数は自信教科になります。

［算数］3

基礎力の「64ステップ」を順にマスターさせる

子どもの現在地を正確に把握してスタートさせる

91ページでも紹介した**「計算の64ステップ」**は、小学校1年生〜中学校1年生くらいまでに学校で教えられる内容を、私が独自にグループ分けしたものです。

たとえば、VAMOSに小学校3年生の子どもが入ってきたら、私はまず「step15 掛け算（2桁×2桁）」くらいの問題を解いてもらいます。

それができればもっと先の項目を、できていなければ少し戻り、**「その子が今、どのステップにいるか」**を把握します。そして、そこから確実にステップを踏みながら進んでいくようにします。

このステップのうちのどこかで躓いてしまうと、次のステップを理解することができなくなってしまうからです。

文部科学省のカリキュラムでは、このような分け方はしておらず、足し算をやったら引き算を少しやって、その後に、掛け算や割り算……というように、広くひととおりのことを教えます。

これですと、一人ひとりの定着度がわからず、できない子は前に進めなくなるのですが、中学受験を前提にしていない公立小学校では仕方のないことと言えます。

算数や数学が苦手な子どもにしたくないならば、「計算の64ステップ」のマスターは必須です。

[算数] 4

算数の基礎力は「約分」にある

手を抜いてはいけない「問題を速く解くための土台」

約分とは、分数の分母と分子を共通の約数で割り、より簡単な分数にしていく算数の手法です。

この約分は、さまざまな算数の問題をより早く解く上で非常に大きな要素であり、手を抜かずに勉強していく必要があります。

たとえば、「16分の4」とあったとき、できる子は、「分母も分子も4で割れる」と最初から気づきます。対して、遅い子は、「16分の4」をまず2で割って「8分の2」とし、それからもう一段階を経て「4分の1」にたどり着くなど、なにかにつけて時間がかかってしまうのです。

VAMOSの子どもたちは、「91分の65」が出てきたときに、1〜2秒で「7分の5」と答えます。これは、日頃の反復学習で**いろいろな数字の倍数を体が覚えており**、「91も

65も13で割れる」とすぐにわかるからです。

あるいは、１００という数字に対して、「10×10」ではなく、「２×２×５×５」という発想ができるのも約分の能力です。これができると、算数だけでなく計算を必要とする理科の問題でも、迅速で多様なアプローチが可能になります。

このような約分の能力は、センスの問題ではありません。普段から、**掛け算や割り算の練習問題を数多くこなし、数字に慣れることで身につきます。**

百ます計算なども、大いに活用してください。

[算数] 5

「割合」「速さ」「比」で学力に差が生まれる

踏ん張っておきたい「わかる」「わからない」の分岐点

小学校5年生になると、算数の授業で**「割合」「速さ」「比」**という非常に重要な概念が連続して出てきます。

割合は、「35％ＯＦＦ」「打率3割」など。速さは、「時速70キロ」など。比は「男女比2：3」など。いずれも、私たちの日常生活に欠かせない概念です。

新しいことがいきなりまとまって出てくるため、算数が苦手な子は逃げ出したくなるでしょうが、ここで踏ん張って勉強することがとても大事。**中学入試の算数問題に絶対に出てきますし**、理科も、これらの概念がないと解けない問題が多いのです。

さらには、中学以降の数学や理科においても、こうした基礎がないと理解できないテーマが増えていきます。大人になってからの社会生活でも仕事の現場でも同様です。

言ってみればケーキのスポンジにあたる土台であり、たとえ中学受験をしなくても、スルーしてはならない分野です。

ところが、いわゆるゆとり世代では、こうした学習は軽視されてきました。そのため、彼らがよく行くショップでは、不思議な表示を見かけます。

たとえば、定価７０００円のジャケットを40％引きで売るときに、「定価７０００円」の表示タグに「40％オフで４２００円！」と全部書いてあります。

以前は「40％オフ」だけしか書いてありませんでした。「40％オフなら、定価に０・６をかければ値段が出る」ということくらい、みんなすぐにわかったからです。

ところが、彼らは、その頭がなかなか働かないのです。これは大問題です。

一般的なビジネスでは、お金の交渉がつきもの。「15％割引のところを20％まで引けませんか？」と言われて、いちいちスマホのアプリで損益ラインを計算しているようでは「使えない」人になってしまいます。

美容師さんが毛染めの薬剤を混ぜるときにも割合は必要だし、タクシーの運転手さんも、「時速80キロで1時間かかる距離だけど、60キロしか出ていないから1時間20分はかかるな」と瞬時に計算しています。

これらは、**読み書きそろばんと同じくらいに大事な概念。**子どもの将来を考え、なんとしても身につけさせておきましょう。

[算数] 6

「割合」には「読解力」が求められる

割合は算数ではないから難しい

「割合」「速さ」「比」の中で、とくに小学生にとって難しいのが「割合」です。それは、もはや算数ではないからです。円周率に関する問題は計算ができれば解いていけます。

ところが、**割合の問題は日本語の読解力や記憶力が必要になります。**

「1個150円のリンゴを20個、30％引きで買いました。合計いくら支払いましたか」という問題に対して「30％引きで買ったということは、定価の70％分支払ったんだな」と思い至らないといけません。ここでまず読解力が試されます。

その上に、「70％とは7割である」ということも覚えておかなければなりません。

それができていない子は「0・7」を掛けるべきなのに「70」を掛けたりします。

算数でありながら、読解力や記憶力を必要とされる「割合」は、とっつきにくい、見方によっては、読解力の高い女の子には有利な分野と言えるかもしれません。

［算数］7

「速さ」には「図解力」が必要となる

そもそも「読解力」と「可視化力」がなければ考えられない

算数に限らず、試験の問題文は日本語で書かれています。まず、それを読み解く力が必要です。加えて、「速さ」に関する問題は、それを**可視化して図にする能力**も必要になります。

たとえば、「A地点から西へ時速60キロメートルでスタートした車を、A地点から東に5キロメートル離れたところから15分遅れて西に向けて出発した車が時速80キロメートルで追いかけた場合、何分後にA地点から何キロメートル離れたところで追いつくか」といったことが問われたとき、そもそも、読解力がない子どもは問題文をしっかり頭に入れるまでに時間がかかります。

そして、この問題を解くときには、その手助けとして左ページにあるように2台の車の状況を図に落とし込むことが必要になります。

図表7｜速さの問題は図にして「可視化」する!

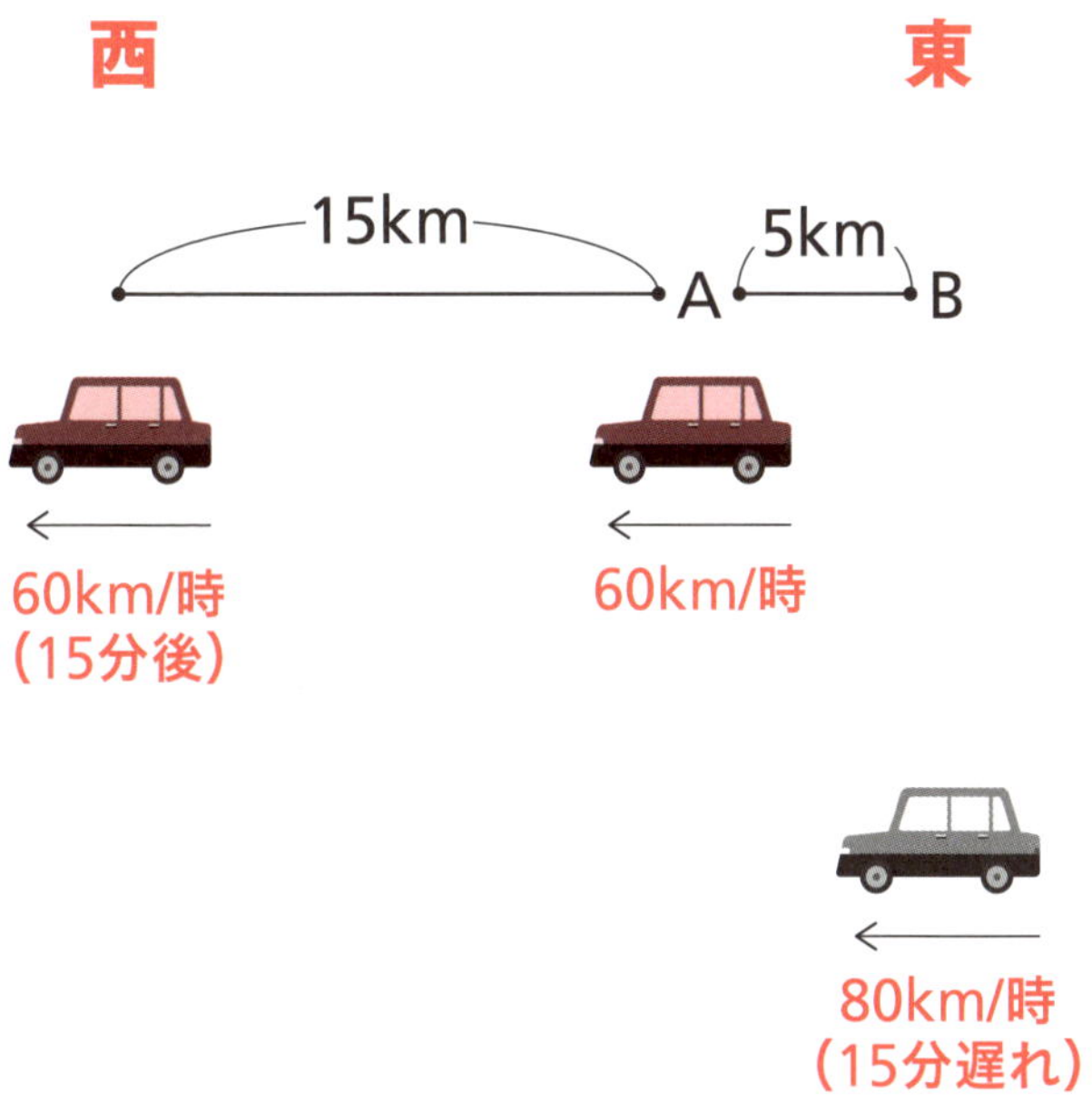

中学入試の算数は、「速さ」についてこのように状況を図解する能力が必須ですが、複雑になって理解できない子が出てしまうために、公立小学校の授業では深く触れません。だからこそ、どこの塾でも力を入れており、VAMOSでは、あえて問題文を長くし、ややこしくした「速さ」の問題を解かせています。たとえば、こんな感じです。

「A君は7時15分に家を出て、時速4キロメートルで歩いて学校に向かっています。出発して6分後に忘れものに気づき、一度家に戻りました。家で2分過ごして、またすぐに出かけて歩いていると、5分後にお父さんの車が時速60キロメートルでA君を追い抜いていきました。お父さんは何時何分に家を出たでしょうか」

大人でも相当、難しいでしょう？　でも、慣れればできます。

中学受験に備えて問われている内容を図にする能力を身につけている子と、公立小学校から公立中学校へと受験せずに進学している子とでは、**「可視化して考える力」**に大きな差がついてしまいます。

２０２０年度以降、大学入試のあり方が変わってきます。どこの大学でも、公式どおりに解く能力ではなく、**「問題を読んで考える力」**が問われるようになっていきます。

中学受験をするか否かにかかわらず、こうした問題にチャレンジしておきましょう。

[算数] 8

すべての算数は「比」に通じる

この道具があればなんでもできる「算数界のスマホ」

たとえば、時速60キロメートルの車と時速100キロメートルの車があったとしましょう。同じ時間で進める距離は3：5です。一方、同じ距離を進むためにかかる時間は5：3です。

前者はすぐにわかっても、それがすぐに後者につながるかどうか。それによって、算数ひいては数学の問題を解く能力に大きな差がつきます。

実は、**すべての算数の問題は「比」に行き着く**と言っても過言ではありません。

181ページにあるような天秤の問題は、その最たるものです。「比」の概念さえわかっていれば短時間で解けますが、それがないと、いちいち1つずつ重さと濃さを掛け合わせていかねばなりません。

ほかにも、図形の面積を考えたり、物質の密度を扱ったりするときなど「比」の概念が不可欠になります。

このように、**中学入試はもちろんのこと、高校や大学へ進んでの数学でも絶対に使う必須の道具が「比」です。**この道具さえあれば、たいていのことはできるという「算数界のスマホ」のような存在です。

女の子がこの道具を手にできたら、ライバルに大きく差をつけることができますし、リケジョの道を進むことも可能になります。

「算数は面倒な教科ではない。解く道具があるのだ」ということを、苦手意識が強い女の子には理解してもらいましょう。

図表8｜「比」の概念さえわかっていれば簡単に解ける!

問題

2%の食塩水80gに違う濃さの食塩水280gを加えたら9%の食塩水ができました。
加えた食塩水の濃さは何%ですか？

解説

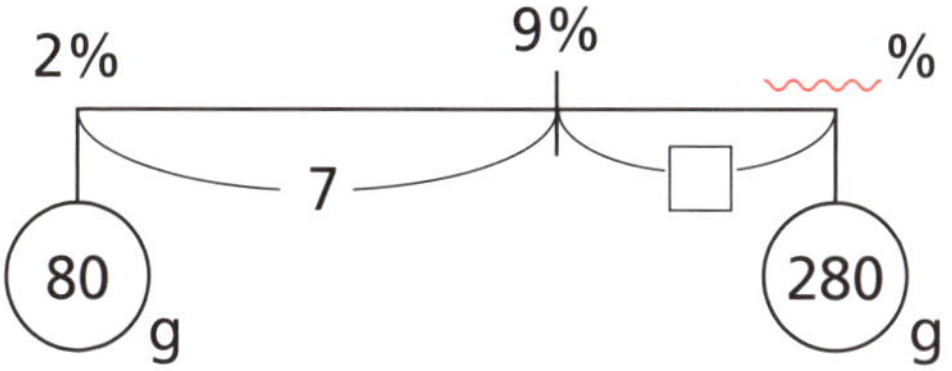

$80 \times 7 = 280 \times \square$

$\square = 2$

よって、$9 + 2 = 11\%$

［国語］1

読解力も「単語」から始まる

日常会話の中で多様な語彙を使う

最近の子どもたちに読解力が欠如している大きな原因は、**語彙不足にあります。**「大みそか」という言葉を知らなかった子どももいるくらいです。

英単語を知らなければ英語の文章を読むことができないように、日本語の語彙が少なければ長文読解は難しくなります。

国語が得意な女の子が多い中で、それを苦手にしていると、中学受験でハンデになります。だから、苦手な子はなおさら、語彙を増やしていく必要があります。

私たちの世代は、祖父母と接する機会も多く、いろいろ古い言葉も耳にして育ちました。棋士の藤井聡太さんは、若いのにとても語彙が豊富で驚かされます。おそらく、自分よりもはるかに年上の人たちと会話を交わす機会が多いからでしょう。

しかし、核家族化が進み、スマホばかりいじっている今の子どもたちは、使っている言葉がとても限られます。

親御さんにお願いしたいのは、**もっと子どもといろいろな分野について、多様な言葉を使っておしゃべりしてほしいということです。**上から目線になる必要はありませんが、大人の話すいろいろな言葉を子どもに聞かせてください。精神年齢が高い女の子は、大人が使っている言葉に興味を持ち、どんどん吸収していくはずです。

女の子はお母さんをリスペクトしていて、憧れてもいますから、普段から子どもが興味を持っている世界よりもちょっとだけレベルが上のこと、たとえばファッションやマナーについてなどを母娘で話すのもいいでしょう。

こうしたことで「これまで知らなかった言葉」を耳にした子どもは「○○ってなに?」と聞いてくるはずです。そのときに、ぜひ正しい知識を与えてください。もし、自信がなかったら、**子どもと一緒に辞書を引いてください。**子どもが興味を示したら、「こういう言い方もあるんだって」と関連した言葉についても話してみるといいでしょう。

もちろん、嫌いなものを無理に与えても逆効果ですので、興味を持ちそうなものの中から、少しだけレベルの高い言葉が使われているものを選んでみてください。

［国語］ 2

「音読」させると読むスピードが上がる

国語の基礎力は、解く力より「読む力」

中学入試に限らず、今後待ち受ける大学入試でも、教科を問わず問題文が長くなる傾向があります。とにかく、長文を読むことに対する慣れが必要です。

国語の勉強で大切なのは、問題を解くことよりも、**長い文章をたくさん読むことです。**

女の子は男の子と比べて読書が好きですし、長い文章にも慣れています。しかし、今はスマホのラインなどに忙しく、読書に費やす時間が減っています。とくに、周囲との関係を重視する女の子は、「友だちがやっていないこと」を自分だけやるのは抵抗があって、友だち次第では「まったく本を読まない」ということにもなりがちです。

読書は習慣であって、読む「クセ」がつけば次々読みたくなりますが、読まなくなると面倒に感じます。女の子には、読書グセを手放さないようにしてあげましょう。1日に10分、母親と一緒にそれぞれ読みたい本を読む時間を持つのもいいでしょう。

そして、読むのが遅い女の子には、**親の横で音読をさせてみてください。**

なぜ、黙読ではなく音読をさせるかというと、それによって文節の区切りが正しく理解できているかどうかがわかるからです。

私の見る限り、今の子どもたちは文節の区切りがおかしく、言葉をチャンク（塊）で把握できていません。

たとえば、「私はこれからスーパーにリンゴを買いに行きます」という一文について、文章を読み慣れない子は「私・は・これから・スーパー・に・リンゴ・を・買い・に・行きます」と、いちいち目が止まってしまうので時間がかかるのです。

ただ、これは目で追っているからであって、音読させれば、普段自分が口にしている会話と照らし合わせて、「私は・これから・スーパーに・リンゴを・買いに行きます」と文節を区切って読めるようになっていきます。

音読でそれができるようになれば、黙読でも同じように読めるようになります。**それによって読むスピードが上がり、限られた時間の中で勝負する試験にも強くなります。**

英語の学習にも、「リスニングは読むことから」という考え方があります。今は、とにかく教材を聞くタイプの方法が流行っていますが、読むことは大事なのです。実際に、ひたすら英文を音読し、それが速くできるようになれば、聞く力も備わっていきます。

[国語] 3

社会の「複雑さ」に疑問を持たせる

受験国語でも「社会性」のある子どもが求められる

2018年度の開成中学の入試では、国語の長文問題に、こんな一家が登場しました。大黒柱として働いているのは、バリバリのキャリアウーマンであるお母さん。お父さんは売れない画家で主夫。でも、デイトレードで少しお金も儲けている。子どもたちの幼稚園の送り迎えはお父さんの役割で、先生やママ友とも楽しそうにやっている。それを見て疎外感を感じ、「このままでいいのか」と悩むお母さん。それでも、それが我が家のあり方だという結論にいたる。

キャリアウーマンが主人公で、「主夫」「デイトレード」「ママ友」……現代社会を象徴するキーワードがてんこ盛りです。

この問題では、**日頃接する機会の少ない人々の気持ちをいかに文章から読み取ることができるか**が問われています。**社会性、大人力を問われている**と言い換えてもいいでしょう。

いじめ問題にしても、これまでは「いじめはいけない」という文脈が理解できればよかったのですが、これからは、その原因をつくりだす社会現象にまで広く目を向けられる子どもが求められているわけです。

生活保護、難民、LGBT、ブラック企業、インスタ疲れ……現代社会を映し出す社会的テーマが、受験国語でどんどん取り上げられるようになっていくでしょう。

女の子は精神年齢が高いので、こうしたテーマにもついていけるはずです。日々の会話の中で、意識的に話題にしてみましょう。

実際に、2018年度の桜蔭の国語の問題でも、「ツイッター」や「フェイクニュース」といった社会的なキーワードを含んだ問題が出ています。

ただし、女の子は共感性が高いだけに、そのテーマについて入り込みすぎてしまう可能性があります。女の子ならではの正義感から「ブラック企業なんて許せない」と、小さな活動家になってしまわないように注意してください。

根が真面目な女の子に、さまざまな社会問題に広く浅く興味を持ってもらうのは、なかなか難しい作業です。でも、それができたら女の子の可能性は大きく広がります。硬軟織り交ぜ、いろいろなテーマについて、ときには真剣に、ときには大笑いしながら家庭でおしゃべりしてください。

［国語］4

「正しい日本語」を速く書き写す練習をさせる

ひたすら書き写すだけで国語力はアップする

国語に限りませんが、中学入試は問題が日本語で出されるだけでなく、答えも日本語で書くことが求められます。つまり、高い点を取るためには、正しく表記することが非常に重要です。

ところが、おかしな流行り言葉を使ったり、スマホの変換機能に頼ったりしているせいなのか、正しい日本語を書ける子どもが少ないのです。

もっとも、それは小学生だけの問題ではなく、大学生も同様。就職活動に必要なエントリーシートすら正しい日本語で書けない人が多く、それらの添削で儲けている会社もあるくらいです。

ＶＡＭＯＳでは、正しい日本語を書ける日本人に育ってもらうために、**正しい文章をひたすら書き写す学習**を取り入れています。

「着ていく服を『どれにしようかな』と迷っていたために、時間がなくて朝食を食べられませんでした。そのため、私はすでに空腹に耐えかねています。」

たとえば、こんな文章をそのままそっくり書き写させると、**読点が抜けていたり、かぎかっこを無視したり、漢字で書かれているところを勝手にひらがなにしたり、「食べられる」を「食べれる」と「ら抜き言葉」で書いたりする子が必ずいます。**

一方で、こうした間違いをせずに速く正しく書き写せる子どもは偏差値も高いのです。

最初は2行くらいの文章から始めて、できたら3行、4行と増やしていく練習をVAMOSでは毎日やっています。

これは、家庭でも簡単に取り入れることができます。国語の教科書に載っている文章でもいいですし、新聞や雑誌から抜き出してもいいでしょう。

普段から、日本語を正確に書き写す練習をさせると、国語力がアップするだけでなく、点につながる回答が書けるようになります。

［国語］5

「主語・述語」の作文トレーニングをさせる

見本なしの作文は文章力をさらに伸ばす

文章を正しく書き写す練習と同時に、見本なしでいきなり書かせる練習もします。テーマを与えて簡単な作文を書かせたり、ある状況について文章で説明させたりするのです。

たとえば、スーパーの売り場で店員が惣菜に割引シールを貼っている写真を見せ、「これを5行くらいの文章で説明して」と言うと、たいていの子はまったく文章になりません。冒頭では状況をわかっていて、会話でなら説明できるのですが、文章にはできません。というのも、**そもそも主語・述語の関係をしっかり押さえられていないのです。**

どんな長文であれ、主語と述語がある1つの文が連なっているという構造が基本なので、1つひとつの文章を正しく書けることがとても大切です。

書き写す練習でもそうですが、見本なしで書く文章についてはなおさら、主語と述語を意識させ、おかしな場合は直してあげてください。

［国語］6

文章を正しく読み解く分析練習を重ねる

女の子の受験国語は今も昔もオーソドックス

中学入試で出される国語の長文読解は、年々、長くなっています。レベルが高い中学ほど長文になり、男子校では大問題が1つだけというケースも見られます。その問題しか出ないのだから、それが読めなくてはまったく勝負になりません。

一方、女子校では、そこまで長文ではないものが2つ程度出題されます。そのため、1つの文章がわからなくても、もう1つのほうでしっかり設問を解けば点数が稼げます。

しかも、問われることは比較的ミクロなことで、私たち世代が受けてきた国語教育の延長線上にあるような問題が今も出されています。長い文章の大局というよりも、**「この部分で著者が言いたいことはなにか」といった細かい読解が求められるのです。**

女の子の受験対策としては、漢字練習や、過去問などの「設問を解く」練習を重ねる必要があります。加えて、普段から読書習慣を持っていれば、国語はクリアできるでしょう。

[理科] 1

理科には算数・国語・社会のすべてが入っている

問題を解くにはオールラウンドな基礎力が必要

小学校の頃は「理科」と1つにまとめられていますが、その内容は「物理・化学・地学・生物」に分かれます。4分野ですべて違う能力が問われているのに、それが一緒くたにされているのが理科。しかも、**理科には、算数・国語・社会の要素がすべて詰まっているため**、小学生にとって勉強するのが最も難しい教科でもあります。

まず、理科の問題には長文が多いですから、国語の読解力がなくてはどうにもなりません。もちろん、計算が必要な問題も出ますから、算数の能力も必須です。さらに、植物や昆虫の名前を覚えたり、地層について考察することは社会の学習に近いです。理科は、専門的なようでいて、実はオールラウンドな教科なのです。

［理科］2

理科では2つの学習能力が求められる

「暗記で解ける問題」と「因果関係を答える問題」の違いを知る

理科には大きく分けて、**暗記しないと解けない問題**と、**因果関係を理解しないと解けない問題**があります。星座の名前、花の名前、昆虫の名前……あるいはそれらの特徴などは、覚えていなければいくら考えても解けません。

一方で、浮力、電流、てこなどに関する問題は、「Aという部分にかかった力がBやCに影響する」という因果関係が理解できないと解けません。こちらは、公式に当てはめて計算していく算数の能力が必要になります。一般的に女の子は前者が、男の子は後者が得意であり、実際の入試で問われるものにも同様の傾向があります。

ただ、これら2つの分野は脳の使い方も含め、まったく違った学習能力が求められるので、**自分の子どもはどちらの分野が苦手なのか**をつかんでおくことがとても大事です。さもないと、理科の成績でかなり伸び悩むことになりかねません。

[理科] 3

暗記のコツは多くの角度から量をこなすこと

「文字記憶」と「視覚的記憶」をしっかり結びつける

理科の暗記分野は、暗記する対象自体は社会ほど多くはありません。

しかし、出題の切り口が多岐にわたるので、社会とは違った暗記能力が求められます。

たとえば、「カブトムシの足は何本ですか?」という問題には、「6本」と覚えていれば答えられます。

一方で、いくつかの写真を並べ、「このうち、カブトムシの足はどれですか?」と聞かれたら、文字記憶だけでは太刀打ちできません。

理科では、文字記憶と視覚的記憶が結びついていることが必要なのです。 しかも、その視覚的記憶が必要となる問題については、写真が使われることも図が使われることもあります。

いくつかの植物を挙げて「根を食べるもの、花を食べるもの、実を食べるものに分けなさい」という問題がよく出されますが、それが「さつまいも」「ブロッコリー」「カボチャ」など文字で出てくることも、実物の写真で出てくることも、断面図で出てくることもあります。

ですので、**文字情報**、**写真情報**、**図解情報**と3つの異なる角度から覚えていかなければなりません。

これらは、別々にせずに、まとめて覚えるのが効率的です。

[理科] 4

理科は男女で求められることが違う

女の子の出題レベルは高くないので差は開かない

理科ほど、男女で求められるレベルが違う教科はありません。男の子の理科は、女の子の数倍、難しいと考えていいでしょう。

理由の1つには、理科には計算など算数の要素が強いことがあります。もともと、男の子のほうが算数好きの傾向があるため、因果関係を理解する必要がある分野ではそれが反映されます。

加えて、本来は女の子のほうが得意なはずの暗記分野でも、男の子のほうが有利です。というのも、理科という教科で扱う内容自体に、男の子は興味が持てるからです。

たいていの男の子は昆虫好きで、カブトムシを自分の手にとって裏返し、足を数えたりすることを楽しいと感じます。一方、女の子はそんなことは大嫌い。気持ち悪くて昆虫図鑑も見たくないのです。逆に言えば、自然科学分野に興味を持てる女の子は有利です。

灘中学校の入試の理科は、東大生でも半分も解けないといわれるほどの難問が出ます。男子校は、総じて理科は難しいため、男の子は理科で差がつく傾向にあります。だから苦手では済まされません。

一方、女の子の理科は、**そこそこできていればOKと考えていいでしょう。**理科については、**男の子と女の子では到達点を変えて考えたほうがいいのです。**

とはいえ、男子校や女子校はもちろんのこと、共学校であっても男女別に合格者数は決まるわけですから、結局は男子は男子同士、女子は女子同士の争いになります。だから、「理科ができる」のは大きなアドバンテージになります。

［理科］5

女の子の理科には「暗記力」「整理力」「計算力」が必要

繰り返し過去問を解いて暗記する

女の子の理科は、暗記力が試される問題が中心になっています。だから、昆虫が嫌いでも、その名前や足の数は表にしてとにかく覚えておきましょう。

その上で、**整理力**と**計算力**をつけたいところです。

整理力は、生物のグループ分けなど、表にしてまとめて覚えるようなときに必要とされます。

また、物理の計算も多少は出てきますので、計算力も必要です。

ただ、女の子の理科では、かなり考えないと解けないような問題や引っかけ問題はあまり出ませんので、過去問などを繰り返し解いておけばいいでしょう。

［理科］6

教科書レベルの「計算問題」で差をつける

女の子は効率的に点を取る方法を考える

国語は圧倒的に男の子よりも女の子が強いですが、理科はまったく逆です。総じて女の子は理科が苦手。苦手以前に、嫌いと言ってもいいでしょう。

ただ、女の子の中にも、まれに理科好きな子はいます。こういう子は、理科については他者をぶっちぎれるので心配ありません。

問題は、大半を占める理科嫌いの女の子です。こうした女の子を理科好きにしようとしたら、時間がどれだけあっても足りません。そこで、入試で上手に点を取る方法を考えるのが現実的です。

まず、たいていの女の子は、暗記分野はなんとかしてきます。どれほど昆虫が嫌いでも、その足の数については入試当日までには覚えてきます。

そういう中で差をつけるには、**計算を必要とするような分野で力を磨いておくといいで**

しょう。

その計算とは、教科書に出ているレベルを理解していれば大丈夫です。

たとえば、「重さ300gのおもりAと重さ100gのおもりBを棒でつなぎ、棒のある場所に支点をおいて、つりあわせました。支点の位置がおもりBから42cmのところだったとき、この棒の長さは何cmですか」というようなことです。

このように、教科書に出てくる公式をしっかり頭に入れ、過去問などを解く訓練をしておくと、理科でリードすることができます。

[社会] 1

歴史はストーリーで覚える

入試問題は「流れ」を押さえていないと対応できない

社会の歴史問題については、用語を1つひとつ暗記するのではなく、流れのあるストーリーとして把握することが大事です。漫画でもいいので、子どもが少しでも興味を示しやすい材料を与え、歴史をストーリーで大きく捉えさせましょう。

実際の中学入試では、純粋な暗記問題がまだ6割以上を占めているものの、その割合はだんだん減ってきており、**もっと大きな視野で世界を見ないと解けない問題**が増えてきています。

2015年度の海城中学校の社会の入試では、ブラジルのアマゾン川の話に始まって、ブラジルの特産品、日本人移民による開拓、アグロフォレストリーの話題にまで広がり、そこからさらに結びつけて、日本の河川、外国船渡来の歴史など、さまざまな内容が展開される問題が出ました。

このような問題では、「ブラジルの首都はブラジリア」「ブラジルの公用語はポルトガル語」などと覚えていただけでは解けず、**ストーリーで大きな流れを把握しておかないと対応することができません。**

子どもに、ストーリーとしての歴史に興味を持ってもらうためには、テレビも役に立ちます。NHKの大河ドラマも、その入口としてはいいでしょう。ほかにも歴史上の事件などを扱ったテレビ番組には、よくできていて興味深いものがたくさんあります。

ただ、それらは1つの時代や人物にフォーカスしているだけに、時間をかけて見た割には、得られる知識は多くありません。あくまで興味を喚起するために用いるのに留め、やはり最終的には全部とおして学べるような教材が必要です。

歴史を漫画で学ぶための定番ものとして、**『学研まんが　NEW日本の歴史』**（全14巻）があります。ただ、いくら漫画といっても、歴史好きの子でないと最初はハードルが高いかもしれません。

ほかにも、『風雲児たち』『風光る』『NHKその時歴史が動いたコミック版』などはおすすめです。

[社会] 2

小学生は暗記から逃げられない

「固有名詞」を知らないとストーリーも理解できない

大きな歴史の流れを捉えなければ解けない問題が増えてきているとはいえ、中学入試の社会は、暗記問題が6割以上を占めています。また、歴史漫画などを読むにしても、**固有名詞**がわからないのではチンプンカンプンで嫌になってしまいます。

私は高校時代に古文が苦手で、『源氏物語』を理解するために大和和紀さんの漫画『あさきゆめみし』を読んでみたのですが、そもそも基本的知識があまりにも乏しかったので、結局よくわからずになんの解決にもつながりませんでした。

一方で、私の友人は同書を読んで、「知識として知っていただけの世界をリアルに感じることができた」と感動していました。

そういう意味でも、**暗記は大事。社会の暗記事項は、算数の九九のように今後の学習における絶対的基礎になるものです。**

［社会］3

覚えるコツはできる方法をすべて使うこと

「書く」「話す」「見る」「聞く」と得意な暗記手法は違う

小学生が、人生ではじめて真剣に「覚えなくちゃ」と取り組むのは算数の九九。その次が、都道府県名や歴史上の人物などの社会の項目です。

九九を覚えるときに、あなたもおそらく、今の子どもたちと同様「にいちがに、ににんがし、にさんがろく……」と念仏のように唱えたことでしょう。大人になってから振り返ると「なんで書かなかったんだろう」と不思議ですが、九九を覚える低学年の頃は、文字を書くのも遅いしへただし非効率的なのです。

でも、高学年になってくれば書く練習もやっているわけですから、**口に出してよし、書いてよし、見てよし、聞いてよしと、さまざまな方法で視覚や聴覚などに訴えながら覚えることができます。**

ＶＡＭＯＳには、ノートはほとんど使わず、なんでも一冊の教科書に書き込んで覚える児童もいます。ごちゃごちゃでとても汚いのですが、それが本人にとって一番覚えやすいやり方なのだから、それでいいのです。

子どもにいろいろ試させて、**そこからその子の得意なやり方を見いだすといいでしょう。**

ちなみに、VAMOSでは、小学6年生に対し「1929」「1238」とアトランダムに講師が西暦を口にして、その年にあったことを1～2秒で答えさせる訓練を、毎日100問やっています。100問やっても15分もかかりません。

この方法も、家庭で簡単にできます。親が講師の代わりに年を言ってあげればいいのですから。

また、**「現地に連れて行ってあげる」**というのも効果的です。ただ机の前で都道府県名や県庁所在地を覚えるよりは、実際にその場で県庁を見たほうがインパクトは強くなります。もちろん、城や歴史上の史跡をたどってみれば、子どももそれだけ社会という教科に興味を抱きやすくなります。

理科の分野でも実体験は重要ですが、社会でのそれは、より親が手を差し伸べやすいと言えます。

［社会］4

大事なのは「自分の字」で漢字で書くこと

正しい漢字で覚えないと点数にはつながらない

感覚をフル活用して覚えたことも、最後は書けなければ意味がありません。

茨城県、滋賀県、札幌、那覇……都道府県名や県庁所在地をいくら知っていても、それを解答用紙に**漢字で正確に書けなければダメなのです。**

西郷隆盛、井伊直弼、壬申の乱、廃藩置県……人物名も事件名もすべて同様です。とくに歴史問題においては、いくら耳や目で知っていても、それを漢字で書けなければ点数につながらないと肝に銘じてもらう必要があります。

私たちの頃と比べ、ＩＴを手にした今の子どもたちは、検索能力は格段に高くなっています。だから、歴史上の事柄について「そのことは知っている」と認識している子どもは多いのですが、実際には書けなくなっています。

なんとなく文字は頭に浮かんでも、横線が一本足りないとか、示偏にすべきところが衣偏になっているとか、正確ではないのです。

ちなみに、数年後には大学入試でパソコンが使われるようになります。そうなれば解答もキーボード入力で行われるでしょう。しかし、文字変換がどこまでなされるかはわかりません。それに、時間が争われる中で文字の選択に悩んでいれば後れを取ります。

いずれにしても正しい漢字で覚えることは必要で、その時期は早いほどいいのです。**最初から徹底して、正しい漢字で書くことを追求しましょう。**

こうした習慣は、普段の生活からも身につきます。家族間のやりとりも、スマホのラインだけでなく、自分の字で書くメモなども活用しましょう。そして、ちょっとしたメモを残すのでも、できるだけ漢字で正確に書くクセをつけさせましょう。

そのためには、両親のあり方も問われます。普段から親がいいかげんな文字を書いていたら、子どもも「それでいいのだ」と思ってしまいます。

［社会］5

「歴史」「公民」よりも、実は「地理」が一番大変

普段から地球儀や地図を見せて話し合える環境をつくる

小学校の社会は、内容的には歴史、地理、公民に分かれています。

この中で、「堅苦しくて小学生には難しい」と考えられがちなのが、政治や経済を扱う公民です。

しかし、公民は試験に出る範囲がだいたい決まっており、それを覚えてしまえばＯＫなので実は攻略しやすい分野なのです。

一方で、**一番簡単そうに思える地理こそがくせ者です。**

というのも、あまりにも覚える範囲が広く、また、出題方法もいかようにもできるからです。

たとえば、東海道新幹線こだま号の停車駅を答えさせたと思ったら、中東問題に飛んでシリアの場所を尋ねたりという具合に、広い地球のあらゆることが問われます。

また、地理の要素は歴史と違って日々変化しています。自然の力によって新しい島や川も生まれているし、人の手で新しい道やトンネルがどんどんできています。

これらを「覚えなければいけない」と思うと、子どもにはストレスがかかってしまいます。**普段から地球儀や地図を見て、親子で楽しい会話が交わせる環境を整えてあげましょう。**

[社会] 6

時事問題は「家庭のあり方」が反映される

受験に受かるのは、頭のいい子よりも「好奇心の強い子」

最近の中学入試では、歴史、地理、公民それぞれの分野に**「時事問題」**を絡めて聞いてくるケースが増えています。鹿児島が大河ドラマの舞台になった年は、鹿児島の特産品や有名人などを問う問題があちこちで出されましたし、オリンピックやサッカーのワールドカップなど大きな大会があれば、その開催国にまつわる問題が増えたりします。

今後、大学入試などでも、古い歴史に関する問題は減っていき、今を生きる私たちに直接関わってくる時事問題が増えていきます。趣味的な知識をいじくりまわすのではなく、**自分たちの身近な問題に目を向ける人間を重視している**と言えます。

そういう意味で、その学校がある地域についての問題を出す学校も増えてきています。

女子校では、まだ男子校ほどその傾向は顕著ではありませんが、いずれにしても、最近の中学校は**「世の中のことに興味を持たずに机にかじりついて勉強ばかりしてきたような**

子どもはいらない」という流れになっています。

もちろん、勉強はできなくてはいけないのですが、それにプラスして社会性のある子どもを、どこもほしがっています。「中学受験に受かる子はどんな子？」と聞かれたら、頭のいい子よりも**好奇心の強い子**なのです。

「どこまでカバーすればいいのか」について考えるときりがありませんが、毎日のニュースで扱われているようなことは見逃さず、なるべく家庭で話題にし、子どもが知りたがったことは一緒に調べる習慣をつけましょう。

できれば、テレビの横に地球儀と地図を置いておき、ニュースで取り上げられている地域をその場で確認していくという作業をするといいでしょう。

ＮＨＫの『クローズアップ現代＋』を録画し、必要なところだけ編集して短くしたものを子どもに見せていた両親がいましたが、これも、手間はかかりますがいい方法です。

時事問題に子どもがどこまで対応できるかについては、**家庭のあり方がダイレクトに反映される**と思ってください。

学研まんが NEW日本の歴史

大石学総監修　学研マーケティング

全巻オールカラーの新定番。子どもが歴史を学ぶきっかけとして最適。

GIANT KILLING

綱本将也作　ツジトモ画　講談社

弱小プロサッカークラブの監督が主人公のサッカー漫画。題材はサッカーだが、子どもの気持ちを盛り上げるのに役立つ。

SLAM DUNK

井上雄彦作　集英社

日本スポーツ漫画史に残る金字塔的作品。モチベーションアップに非常に効果的。ただし、子どもがバスケットボールにはまらないように注意が必要。

宇宙兄弟

小山宙哉作　講談社

主人公と弟が宇宙を目指す、映画化もされた超人気作品。人間ドラマと学ぶことの大切さを子どもに教えることができる。

ちはやふる

末次由紀作　講談社

映画化もされた競技かるたを題材にした作品。子どもに百人一首を楽しく学ばせることができる。

図表9｜子どもにすすめたい漫画10

こちら葛飾区亀有公園前派出所

秋本治作　集英社

週刊少年ジャンプで1976～2016年まで40年間連載された不朽の名作。日本の戦後史をコミカルに学べる作品。

美味しんぼ

雁屋哲作　花咲アキラ画　小学館

1983年から連載が始まった人気グルメ漫画。社会・理科を含め多くの科学的・社会的な知識を学ぶことができる。

もやしもん

石川雅之作　講談社

肉眼で菌を見ることができる農大生の生活を描いた作品。子どもが生物・微生物に興味を持つきっかけを与えてくれる。

銀の匙 Silver Spoon

荒川弘作　小学館

北海道の農業高等学校を舞台とした学園漫画。生物・動物学的な知識を得ることができる。

NHKその時歴史が動いたコミック版

NHK取材班編　ホーム社

NHK『その時歴史が動いた』をコミック化した漫画作品集。真面目な内容だが面白く歴史を学べる。

第6章

自分から学習する子になる15の「勉強習慣」

女の子が焦らず効率的に学力を上げられる環境づくり

女の子が勉強に取り組むためには、良い環境づくりが欠かせません。人間関係に左右されたり、他人と比較する傾向のある女の子には、ほかの子の良い方法を積極的にマネさせたり、あとで焦らないように先行しておく時間管理が効果的。本章では、そのために家庭でできる実践的な習慣術を公開します。

1 女の子の勉強は「持ちもの」が大事

安心して勉強できる環境でモチベーションを上げる

子どもにとって、そもそも勉強は楽しいものではありません。しかも、女の子は普段から満足感が男の子よりも低く、**「つまらない気持ち」**になりやすいのです。

そんな女の子がモチベーション高く勉強するには、それなりの環境が必要です。

かわいいリュックに筆箱、キャラクターのついたペン、使うことがあまりないカラフルな付箋なども、ほしがる文房具は揃えてあげましょう。

女の子にとって、**勉強している自分が周囲からどう見られているかが重要であり**、みんなが持っている文房具はひととおりないと不安なのです。安心して勉強に集中してもらうために、周囲から見ても合格点をもらえるような環境は整えてあげたほうがいいでしょう。

ただし、持ちものにばかり気持ちが行っているようなら注意が必要。前述したように、それは勉強から逃げ出したくなっている女の子が発しているサインです。

2

成績のいい友人のやり方をマネさせる

女の子は交友関係で成績が変わりやすい

女の子には、母親や友人のいいところをマネようとする特徴があります。

VAMOSで、漢字を覚えるのに単語帳を使っている女子児童がいたのですが、それを見た周囲の女の子たちは「いいね」と翌日から早速マネていました。

一方、男の子は、そんなことに気づきもしませんでした。

女の子は、どの子も勉強に自分なりの工夫を取り入れます。そして、それを見ていた子がマネをするという具合に、そのアイデアが何人かの間で共有されていきます。

「○○ちゃんがやっていた」「○○ちゃんが持っていた」というのは、女の子にとってとても重要なテーマなのです。

これがいい方向に働けば、頑張るモチベーションになってくれます。一方で、マネすることがマイナスに働くこともないとは限りません。

たとえば、女の子は総じて読書好きですが、読む本もまた周囲に影響されます。

同じ小学校に通う子でも、中学受験をする子たちは大人が読むような難しい本を好み、そうでない子たちはラノベにハマっているという具合です。

上手くいけば、**友だちの存在によって成績も伸びるし、へたをすると友だちの存在によって学力が落ちてしまうのが女の子です。**

こういうことがあるからこそ、親御さんは女の子の学校選びに気を遣うのでしょう。

親が口を出せる範囲は限られますが、成績を伸ばし合えるような友だちとつき合えるよう導いてあげましょう。

3 リビング学習より一人学習が効果的

できる子ほど「自立心」は強くなる

男の子は、親が見ていないと好きなことをやってしまうし、まだ幼くて寂しがり屋の一面があるため、圧倒的にリビング学習が向いています。

しかし、精神年齢が高い女の子には、一人になれる学習の場が必要です。

女の子は小学校高学年にもなると、お風呂も一人で入りたがったりします。体が変化しているからという理由だけでなく、普段は周囲に合わせ、周囲の目を気にして過ごしているために、「一人になる時間」がほしいからです。

勉強においても同様です。家族の応援を感じられるリビングに加え、自分の部屋にこって学習したがる子も増えます。また、**それができる女の子は伸びる傾向にあります。**

リビング学習がいいのは、親や兄弟がそれぞれ自分のことをしていて、それが程よいBGMとなって子どもに安心感を与えてくれるからです。寂しがり屋の男の子には、このB

GMが功を奏します。

しかし、女の子は「うるさい」と感じイライラしてきます。ましてや、共感してくれているはずの親が、自分が勉強している横で野球中継など見ていたら、「私は頑張っているのに、なぜ?」となりかねません。

今は「リビング学習ブーム」で、それを子どもに求める親が増えています。しかし、**環境を大事にする女の子を、ごちゃごちゃした狭いリビングで無理に勉強させるのは逆効果**だと私は思っています。

小学校高学年の女の子は、できる子ほど自立心も強くなっています。信頼関係が結ばれた親としては、子ども本人の意思を尊重し信じてあげる姿勢が大事です。女の子には、リビング学習を強要することなく、自分の部屋でもどこでも自由に選ばせてあげましょう。

ちなみに、部屋に閉じこもって勉強していた女の子が、入試目前になるとリビングに出てくることがあります。それは、**試験が怖くなってくるからです。**

その、不安や緊張を理解し、リラックスできる環境をつくってあげましょう。

4

女の子には常に「効率」を意識させる

真面目な子はつい頑張りすぎてしまう

男の子は、よほど優秀な子でない限り、親が勉強時間をつくり出してあげないといけません。「風呂の前に宿題をやれ」「夕ご飯の前に15分でいいから漢字を書こう」などと、強制的に動かさないと、なかなか勉強できないのが男の子です。

しかし、女の子は自分で勉強時間の管理ができます。だから、本人が計画的に動いている場合には、それを優先してあげましょう。**「親が自分を信用してくれている」という思いがあれば、女の子はさぼりません。**

女の子の場合、むしろ頑張りすぎて睡眠不足になってしまうことを心配しなくてはなりません。

周囲を気にする女の子は、「○○ちゃんは、12時まで勉強していたっぽい」と知ったら、自分は12時半までやらなくてはいられません。そうやって、お互いに影響を与えながら、どんどん睡眠時間が減ってしまうということが実際にあるのです。

受験では、体力も必要です。

また、長時間の勉強では集中力も切れてきます。


女の子には、「効率重視」を教えることと、集中できる時間を自分なりに見つけさせてあげることが必要です。


母親の家事など、そのいいお手本になるでしょう。忙しい母親たちは、家事のためにまとまった時間など取れません。ちょっと時間ができたからトイレ掃除を、料理の合間に洗濯機をまわして、ということを効率よくやっています。

それは自分でやりやすい方法を見つければいいのであって、ほかの家族にとやかく言われる問題ではありません。

周囲を気にする女の子ですが、自分がどこで集中して勉強するのか、そんなことは自分で決めればいいのです。せっかく時間管理ができるのですから、自信を持って自分で決めさせてあげましょう。

5

「15分ルール」で差をつける

まとまった時間を取ろうとすると、かえって勉強できない

小学生の子どもが集中できる時間は、せいぜい20分くらいだと私は考えています。

桜蔭や雙葉といった最難関の女子中学校でさえ、試験時間は長い教科でも50分。最も優秀な子どもたちが臨む中学入試という最大の山場でさえ、それが限界なのです。

となれば、普通の小学生なら、20分も集中できれば充分です。

だから、毎日の勉強時間も、まとめて取ることにこだわる必要はありません。

忙しいビジネスパーソンにとっては「すきま時間」の活用が重要だといわれていますね。

これは子どもの勉強についても同様で、**15分でも時間があれば勉強する習慣をつけると、ゆくゆく大きな差となって表れます。**

15分でもやれることはたくさんあるのです。

15分単位でできることを確認して、すきま時間を活用しましょう。また、勉強習慣が身につくと、外出先でもちょっと時間があれば取り組めるようになります。

6

通学前の「15分」をルーティーン化する

習慣化するのも、朝が一番効果的

疲れが溜まってくる夕方よりも、朝の時間帯のほうが頭が冴えていい仕事ができるというビジネスパーソンは多いはずです。それは子どもも同じです。学校に行って6コマの授業を受け、さらに塾へ通って勉強してからよりも、通学前の朝の時間帯のほうが、彼らの頭は冴え渡っています。だから、**この時間帯に15分でいいから勉強させましょう。**

今は、親も共働きだったり、子どもは習いごとがあったりと、家族が確実に全員揃うのは朝くらい。その時間帯に15分、子どもの勉強に親が関わる時間を捻出してみましょう。

といっても、難しい問題を解かせる必要はありません。学校に遅刻することがないよう、漢字を30個書くとか、計算問題を3問解くといったようなことでOKです。

あるいは、朝のニュース番組を見て気になったことを1つ話題にして、そのことについて一緒に調べる時間を持つというのもいいでしょう。

7

勉強は「20分単位」で区切る

ゲーム感覚で「5分の集中」から練習させる

小学生が集中できるのは20分がいいところだと前述しました。だらだらと、いたずらに時間を過ごすことがないよう、**1回の勉強は20分をめどに区切ってみましょう。**

そのとき、タイマーやストップウオッチを用いて時間を計ると、子どもたちにとってよりわかりやすく、納得感も得やすくなります。

最初のうちは細かく区切るのがおすすめです。中学の入試で出される最小単位の計算問題などは、普通の子が解くのにだいたい2分くらいかかります。

もし1分しか集中できなければ、問題は1つも解けないわけで、最低でも2分は集中する必要があります。もっとも、気が散りやすい男の子と違って、女の子は最初から5分は集中できます。そこで、親が横でストップウオッチを持ち、5分以内に計算問題を2問は解くという学習をゲーム感覚でやることで、集中力がどんどんついていきます。

8

集中力を鍛えるには「読書」が有効

女の子の読書嫌いは受験で大きなハンデとなる

中学受験で求められる女の子の集中力は、男の子のそれとは少し違います。男の子は算数の難しい問題を短時間でがーっと解くような集中力が必要ですが、女の子の場合、**時間をかけて深く読み解く能力**が求められます。そのために、**読書は非常に有効です。**というのも、文字からストーリーを理解していくことは、集中して読まなければできないからです。ここが、テレビや動画などと大きく違うところです。

学力の高い女の子ほど、大人が読むような本を読みこなします。

VAMOSの児童も、優秀な女の子は直木賞、芥川賞、本屋大賞を取った小説を読んでいます。もちろん、無理をさせる必要はありません。本人が集中して読めるなら、ラノベでもかまいません。ただ、集中して入り込むための訓練としては効果が弱くなります。

それでも読まないよりはいい。女の子の読書嫌いは中学受験においてハンデです。

9 休憩時間のテレビは厳禁

女の子はテレビにハマると抜け出せなくなる

「やらなければいけないとわかっているのにテレビを見ちゃった」

大人にとっても子どもにとっても、集中しなければならないときのテレビは大敵です。

そして、テレビが勉強に与える影響は、男の子よりも女の子のほうが大きいのです。

小学生の男の子が楽しめるテレビ番組は、せいぜい『ポケモン』や『ドラゴンボール』のレベルです。しかし、精神年齢が高い女の子は、大人向けのストーリー性が高い連続ドラマも大丈夫。また、周囲との関係を重視する女の子は、みんなが見ているテレビ番組の話題についていきたいと考えます。

だから、**女の子が一度テレビにハマるとなかなか抜け出せなくなってしまうのです。**

そのことを本人に認識してもらい、勉強の休憩時間にはテレビではなく、読書などを楽しんでもらいましょう。

10

「理科・社会」は早くからコツコツやる

女の子はあとで追い抜くより、スタートで先んじるのが基本

女子中学校の入試では、暗記問題がかなり出ます。社会はもちろんのこと、理科でも計算を必要とするような問題よりも、暗記知識がどこまであるかが主に問われます。

また、女の子は途中から他者を追い抜いていくような戦いがあまり好きではないので、スタートから先んじていることがいい結果につながります。

そういう意味でも、「必ず出る」であろう、社会や理科の暗記知識に関しては、早くからコツコツと身につけておくと有利です。

だから、国語が得意な子も算数が得意な子も、もちろん国語や算数を軽視してはいけませんが、**毎日の勉強には社会と理科の暗記項目を必ず入れましょう。**

まずはその学習をして、「今日もいろいろ覚えて点数を稼げる状態になっている」ということを認識し、安心して国語や算数の勉強に移るといいでしょう。

11 ウォーミングアップに百ます計算を解く

解くスピードで「絶対的学力」の伸びがわかる

どんなスポーツでも、本格的な練習に入る前に必ずウォーミングアップをしますね。それによって体が温まり、筋肉もほぐれて動きやすくなります。

子どもたちが勉強に入るときには、頭のウォーミングアップが必要です。頭のウォーミングアップには「百ます計算」のような単純なものが向いています。

百ます計算を家庭で行うときは、時間を計ってください。それによって、**その子の絶対的学力とその変化がわかってきます。**解けるスピードが速くなっていれば、それだけ集中力もアップしているということです。

学校や塾で行われるテストでは、順位や偏差値など相対的学力ばかり見ていて、個人の絶対的学力になかなかフォーカスできません。しかし、重要なのは**「その子なりに伸びているかどうか」**ということです。

時間を計測しながら百ます計算を行い、そのスピードをアップしていくという訓練を積むことで、その子の基礎学力は絶対的に伸びるし、親や本人もそれを実感できます。

このように、地頭うんぬんではなく、**頑張る価値が感じられるものこそ、毎日のウォーミングアップに適しています。**

ただし、百ます計算ができる集中力では、ほかの子に差をつけるところまではいきません。できれば、二百ます計算でウォーミングアップを行えるようになりましょう。二百ます計算を一気にやりきれるかどうかが、1つの壁であり指標になってきます。

もちろん、もっとハードルを高くすることも可能で、VAMOSの優秀な6年生は八百ます計算を一気にクリアします。

12 練習問題は時間ではなく「数」をこなす

受験勉強も社会に出ても大切なのは「生産性」

「1日に、どれくらい勉強させればいいでしょうか」

中学受験を考えている親御さんからよく受ける質問です。しかし、残業時間ばかり長くて生産性の低いビジネスパーソンが評価されないのと同じで、いくら長時間机に向かっていても、ぼけっとしていたら意味がありません。子どもの生産性を上げるマネジメントが必要なのです。

ところが、父親にはまだ熱血漢タイプが多く、「俺が子どもの頃は毎日5時間は勉強したもんだ」と、勉強にかけた時間を重視したがります。

一方で、エクセルを使って子どもが解いた問題を管理し、「時間は関係なく成果だけで見ています」という父親もいます。

もちろん、熱意も必要ですが、大事なのは**「できたか・できないか」**。できた数を増やしていけば、それだけ合格に近くなるわけです。

だったら、同じ10問を解くのに、1時間かけるよりも30分のほうがいいに決まっています。残りの30分をほかの問題を解くことに使えるからです。

「時間をたくさん費やせばいいのではない。**そこでどれだけの数ができたかという生産性が重要なのだ**」ということを、子どもの頃からわかってもらうことが大事。時間が限られた中学入試ではもちろんのこと、社会人になってからも生産性は必要です。

そのためにも、タイマーやストップウオッチを用いて計測し、短い時間で最大限の力を出し切ってみる経験が必要なのです。

13

予習はやめて「復習」に時間をかける

小学生が「未知」を学ぶのは効率が悪い

「予習・復習」とセットにされがちですが、これらはまったく性格の違うものです。小学生には予習は必要ないと私は思っています。

教えられたことを確認していく復習に比べ、未知のものを自分なりに解釈していく予習という作業は小学生にはとても難しいからです。しかも、その解釈が正しいとは限らず、間違えたことを覚えてしまう可能性もあります。

だから、予習はやめて、貴重な時間を復習にまわしましょう。

そして、だんだんと復習時間も少なくしていきます。学校も塾も含め、授業で教わったことは授業中に理解し身につけてしまうのが、生産性を考えた上では一番です。

ただ、これは地頭のいい子でないと簡単にはいきません。普通の子にとっては、**いかに復習を効率的にやっていくか**が重要になります。

復習の目的は、授業でわからなかった内容、曖昧だった内容を、しっかり理解することにあります。復習をおろそかにして理解できないステップを放置すると、次からの授業はさらに理解できなくなります。

復習が上手くいかない子どもには、**一緒にそれを考えて教え「なるほど、ちゃんとわかった」と腹落ちさせてあげてください。**

「わからないことを咀嚼《そしゃく》して腹落ちさせる」という訓練を繰り返していると、やがて授業時間内にそれができるようになっていきます。

14

コスパが悪い教科に固執させない

「苦手の克服」よりも「合格する戦略」が効率的

入試で合格ラインに届く点数を取るためには、**各教科に割く時間の割り振りの効率**について も考えるべきです。

ビジネスでも、仮に4種類の製品を売って純利益を競うとしたら、原価の安いもの、売りやすいものなどを考え、少しでもコスパのいい商売をしようとするでしょう。

同様に、受験でもコスパを考えなければなりません。このときに重要なのが、子どもの勉強の場合、コスパを決める要素が日々変わるということです。

好きな算数がやたらと伸びているときもあれば、苦手な国語が少しできるようになっているときもある……。**その子の状況に応じて、合計点が一番高くなるにはどうしたらいいかを考えていかねばなりません。**

「苦手の克服」は必要ですが、それよりも大事なのは「合格する戦略」です。

15

伸び悩んだら4教科やらせない

スランプは「一点突破」で乗り越える

どんな子にも成績が伸び悩むときがあります。親はもちろん、子どもも焦ります。しかし、この時期を上手く利用して、その後を大きく伸ばすことが可能なのです。成績が伸び悩んだときは、4教科を全部やってはいけません。1教科にフォーカスしましょう。

4教科やってどれも成績が上がらないと、子どもは「なにをやっても上がらない。もうダメだ」と自信を失います。実際に4教科やっていれば1つの教科にかけられる時間も限られるために、頑張った割には結果が出ないことが多いのです。

一方で、**1教科に集中すればたいてい伸びます。それを見て「あれ、できる」と思えるのが子どもの発想です。**

真面目な女の子は、どんなときでも「全部やらなくちゃ」と考えがちです。その思いを取り除いてあげ、国語など得意教科に集中させ自信を取り戻させてあげましょう。

第7章

合格する子の親が実践する子育ての黄金ルール26

成績が伸びる女の子の親はなにをしているのか？

子どもの学力は「親の習慣」で決まります。女の子はルールをしっかりと守れる半面、周囲の環境や人間関係に左右されやすい。では、受験に合格する子の親は、繊細な女の子に対して、どのような褒め方、叱り方、応援の仕方をしているのでしょうか。本章では、子どものために親が今すぐ実践できることを集めました。

学ぶことを好きにさせる習慣

1 安心してなんでも話せる環境をつくる

共感に満ちたフォロー体制を用意する

基本的に勉強は座学です。しかし、小学生がその座学を効率よくこなすためには親子のコミュニケーションが必要です。「自分がわかっていること・わからないこと」を、子どもが親に的確に伝えられないと、ムダな努力を重ねてしまう可能性があるからです。

女の子は、男の子と比べて「わからない」と言えます。しかし、**女の子はそういう自分に傷ついてしまう部分があることを理解しておいてください。**

女の子の脳は、みんなのために頑張り、みんなが喜んでくれることに価値を見いだします。だから、周囲に「わからない」と言うのが本当はつらいのです。そこには共感に満ちたフォローが必要です。

女の子が一人で自信を失ってしまうことがないよう、**普段から安心してなんでも言え、かつフォロー体制の整った環境**を用意してあげましょう。

2 「親も一緒に戦っている」という姿勢を見せる

親がだらしないのに、子どもに頑張れと言うのは無理がある

私たちの世代が小学生の頃は、もっと無邪気に遊んでいました。でも、今の子どもたちは、そうではありません。ましてや、中学受験をするとなれば、**子どもなりに相当のプレッシャーと戦っているんだ**ということをまず親は理解しなければなりません。

それが理解できていれば、子どもがリビング学習している横で、酔っ払ってくだを巻くことなどできないはずです。

いくら仕事が大変で、飲みたくもないお酒を飲まなければならない接待だったとしても、子どもには関係ありません。今、目の前にいる親の姿がすべてなのです。

土日に住宅街にあるカフェに行くと、勉強している子どもの姿をよく見かけます。そういう子どもの目の前では、たいてい父親がノートパソコンを広げて仕事をしています。

もしかしたら父親は、疲れて家で寝ていたいのかもしれません。しかし、父親が目の前

でかっこよく仕事をしていてくれたら子どもは嬉しいし、「私もこうなりたい」と思えるでしょう。

医者の子どもが医者になる確率が高いのは、頭脳や財力の問題よりも、やはり患者を治している姿を見てリスペクトしている部分があるからでしょう。

もっとも、親の学歴や職歴などは関係ありません。**親のあり方の問題です。**親が東大卒ならいいというものではなく、高卒であっても子どもがマネたくなるような姿を見せているかどうかが重要なのです。

自分がだらしなくしていて、子どもに頑張れと言うのは無理な話です。

とくに、女の子にとって、家族が共感してくれる存在であることが非常に大事です。**いつでも同じ方向を見て一緒に戦っている**ということを示してあげてください。

3

親が「本を読んでいる姿」を子どもに見せる

家庭に読書習慣がなければ、子どもも当然読まない

本を読むという行為は、自ら文字を追ってストーリーを理解するという高度な作業を必要とし、**すべての学びの基本**となります。

子どもに読書習慣があるかどうかは、中学受験だけでなく長い人生を考えたときにも非常に重要な要素です。会社でも仕事ができる人間ほど本をよく読んでいるはずです。

女の子はもともと読書好きが多いですが、もし、そうでないなら、国語分野でハンデを負います。親が本を読むことで、子どもを読書好きに変えていくことができます。

実際に、親に読書習慣がないと子どもも本を読まない傾向にあるということはデータからもわかっています。**ぜひ、もっと「本を読んでいる姿」を子どもに見せてください。**

両親が本を読み、その感想を語り合うのもいいでしょう。女の子は大人の本も読みこなしますから、その仲間に入れるでしょう。

4 子どもの「なぜ?」をキャッチして一緒に考える

親が知らなかったことを知るのは「子どもの最大の喜び」

ニュースを見ているだけでも、子どもの心の中に「なぜ?」はどんどん生まれます。

「日食ってなんで起きるの?」

「なんで、イスラエルって揉めているの?」

親はどんなに忙しくても、子どもの「なぜ?」をスルーせずにキャッチし、一緒に考えてあげてください。

このとき重要なのは、**親はすでにその答えを知っていても「○○だよ」と教えて終わりにせず、あえて一緒に調べてみることです。**それによって、子どもはより楽しく学習できます。いきなりネットで調べるのではなく、地球儀や地図、図鑑などを用意しておくといいでしょう。

もちろん、親がその答えを知らなくても適当にごまかしたりしないこと。知らないことは「お父さんもわからないな。一緒に調べてみよう」でいいのです。親が知らなかったことを知るのは、子どもにとって「親に勝った」という最大の喜びです。ほかにも、いろいろ興味の範囲を広げてくれるチャンスです。

また、親のほうからも、**子どもの好奇心を喚起する質問を投げてみましょう。**

私の知人の東大生は、子どもの頃、よく親から聞かれたそうです。

「どうして、今年はこんなにリンゴが高いのか知っている?」

「なんで、アメリカでは普通の人が銃を持っていると思う?」

あなたも、いろいろなことを子どもに質問してみてください。

もちろん、子どもが「なんでだろう?」と興味を持つレベルにすること。あまり難しすぎることを投げれば、子どもは楽しいと思えません。

「なんで、財務省は書類を改ざんしたんだと思う?」

こんなことを聞かれても、子どもは興味が持てないし、親が丁寧に説明したとしても理解できないでしょう。

親の自己満足に終わらないよう、あくまで**「子どもが食いついてきたかどうか」**を見極めてください。

褒める・叱る習慣

5 「最も身近な人」は叱らない

「叱る人」「叱らない人」の役割をつくる

信頼関係を大事にしている女の子には、そこを理解した上で叱る必要があります。

女の子は、**最も信頼している人に叱られることを嫌います。**そこで、本人が最も信頼している人は、あくまで味方要員に残しておいて、二番目以降に信頼している人に叱らせると効果的です。

VAMOSでは、それぞれ担任のように身近な講師がいて、たいていの女の子は、私よりもその講師を信頼しています。

なにか苦言を呈さなければならないことがあったときに、その講師に言わせると、女の子はVAMOSに居場所がなくなったと感じてしまいますので、私が叱ります。

「なんだ、この点数は。理科を頑張るとか言ってたじゃないか。全然できてないな」

そして、最も信頼されている講師は女の子の味方になって一緒に対策を練ります。

「○○ちゃん、さっきは大変だったね。あんなオヤジに偉そうなこと言われて、まったく腹立つよな。だったら、ちょっと理科の勉強の仕方を変えてみようか」

するとと女の子は、その講師との信頼関係がさらに強固になったと感じ、共通の敵である私をギャフンと言わせるために二人で立てた作戦をきちんと履行しようとします。結果的に、理科ができるようになって、私が叱った目的はとげられるわけです。

家庭においても、女の子に叱りたいことがあったときに、**自分が「娘にとって一番身近な存在だ」と感じたなら、そこはちょっと引いて、ほかの人にその役割を担ってもらう工夫も必要です。**

6

根拠を示して客観的に一言で叱る

女の子には「褒める8割」「叱る2割」のバランスで

女の子は男の子と違って、叱られればそれをきちんと理解します。ですので、女の子を何度も叱ってはいけません。**褒めるを8割、叱るを2割**程度のバランスでいいでしょう。

そして、重要なのが、叱るときも褒めるときも女の子には**「根拠」をしっかり示すこと。できれば数値など客観性のあるものを示すことです。**

女の子は真面目なので、そもそも叱られればダメージを受けます。ましてや感情的な叱り方をされたら、なかなか立ち直れません。女の子を叱るときはガミガミもネチネチも封印し、根拠と結びつけてサラリと一言伝えれば充分です。

褒めるときも同様で、根拠を見せないと「お世辞ね」「ノセようとしているのね」とクールに見抜かれます。それは女の子との間に築いた信頼関係をいとも簡単に崩壊させる結果となるので、注意が必要です。

7 女の子の成功には「笑顔」が必要

上手に自分を解放させてあげると上手くいく

サッカーの試合では、勝つチームの選手は、気合いの入った表情をしています。といっても これは男子の話。女子チームは、笑顔がはじけているほうがいい結果を出します。

２０１１年の女子ワールドカップドイツ大会で、勝負を決めるＰＫに入る前、日本選手は笑顔を見せていたけれど、負けたアメリカチームの選手は引きつった表情でした。

フィギュアスケートの浅田真央さんも、スキージャンプの高梨沙羅さんもストイックになりすぎたときには失敗が先行しました。

おそらく、**普段から女子選手は自分のネガティブポイントに目がいく傾向にあり、そこに集中してしまうと本来の力が出せないのだと思います。**

子どもたちの受験も同様で、親はそのネガティブなところからポイントを切り替え**「自分を解放させてあげる」**ことが必要です。ぜひ、笑顔で接してあげてください。

8

親は「サポーター」に徹する

女の子には折に触れて「応援メッセージ」を伝える

女の子に対しては、両親共にサポーターに徹してください。

自室で勉強しようとしていたら、「お、これから勉強か。偉いね、頑張って」。リビング学習に出てきたら、ときどき覗いてみては「お、できてるじゃん」。こんなふうに声をかけ、いつでも応援しているというメッセージを伝えましょう。

ただし、**それが「親の期待」という形にならないように注意が必要です。**

サッカーのサポーターは、大声を出して旗を振って応援していますが、応援席からは出てきません。大人になりつつある女の子には、そうした距離感が大切です。あまりずかずかと入り込まずに、大声を出して応援してあげるスタンスが求められます。

声が小さいと「応援してもらっていない」と感じてしまうので、大声で応援してあげてください。そこが女の子の面倒くさいところでもあり、面白いところでもあります。

9

女の子はサインを出すが口では言わない

行動に連続性があるので反応を見逃さない

男親にとって、女の子は「どうしていいかわからない」存在のようです。女の子は男の子のように単純ではないので、よかれと思って褒めたことも「お世辞?」などと取られてしまうことがままあり、扱いにくいと感じるのでしょう。

しかし、ツボを押さえてしまえば男の子より伸ばしやすいのが女の子。ただ、そのツボがなかなかわからないから困ります。

ツボはその子によって違うので、自分の娘にとってなにがツボなのかを理解するためには**「よく見る」しかありません。**でも、近くに行ってガン見しては嫌がられますから、子どもが負担に思わない距離感を保ちつつ、見るしかありません。

そうやって見ていると、女の子が出しているサインに気づけるようになります。女の子は自分の気持ちを口では言わないけれど、**サインは出しているのです。**

たとえば、私がVAMOSのクラス替えについてさりげなく言及したとき。

「成績に応じて4月から少しクラスを入れ替えるかもしれない……」

すると、上のクラスに行ける自信があったり、逆になにかSOSを出したい女の子は、その瞬間に私の顔を見ます。しかし、今はその話に興味がなかったり、クラス換えなどしないほうがいいと考えている女の子は目線を下にそらしてこちらは見ません。

一方、男の子はほぼ全員が外を見たり手遊びしたりしています。

だから私はこういうとき、男の子についてはまったく関心を寄せませんが、女の子については**一人ひとりの反応を見逃さないようにしています。**

いきなり想像を超えたことをする男の子と違って、**女の子は行動に連続性があります。**だから、しっかり見ていれば、「今はそっとしておいてほしいんだな」「もっと会話を増やしたほうがいいな」と、女の子が出しているサインが読み取れるようになります。

女の子を伸ばすには、**その子を一定の距離感を保った場からよく見る**ということに尽きます。

10

女の子にとって家は「精神的なよりどころ」

「私が相談できる人はここにいない」と決して思わせない

単純な男の子と違い、女の子は思っていることをそのまま言葉にしないことがよくあります。だからといって、家族に心を開いていないわけではありません。家族に対する期待は、男の子よりもはるかに大きいのです。

男の子にとって家は、ご飯を食べたり寝たりする物理的スペースの意味合いが大きいですが、**女の子にとっては精神的なよりどころ。最小単位かつ最重要な最後の砦《とりで》です。**

だから、彼女たちが話したがらないことは無理して聞かず、話してきたら一生懸命に聞いてあげるというスタンスが必要です。その一方で、ただ、そばにいて一緒に泣いてあげる、女の子の悲しみやつらさを共有してあげる姿勢も大事です。「この話はお母さんに」「この話はお父さんに」という安心感を、家族総出でつくりあげましょう。女の子に、「私が相談できる人はこの家にはいない」と思われたらその時点でアウトです。

自信・自立心を育む習慣

11 塾の行き帰りは自由にさせる

子どもの心身が脆弱だと、勉強しても頭に入らない

女の子は真面目ですから、塾の行き帰りも勉強しようとしたりします。

しかし、そういう時間くらいゆっくり過ごしていいと私は思っています。

塾の送り迎えでは、つい「今日の勉強はどうだった」と質問したくなるでしょう。

このとき、塾のテストでいい点数を取ったなどと自信満々な状況ならいいのですが、たいていの女の子は、**自分が「できていない」ことにフォーカスしています。** ですから、それを母親が掘り返せば、さらに自信喪失してしまいます。

それになにより、今の子どもたちは毎日忙しくて疲れているのです。塾の行き帰りはぼーっとしたり、勉強と関係のない話をしたり、好きな本を読んだりと自由にさせてあげましょう。ただ学習教材に向かっていればいいのだと思わないでください。**そのときの子どもの心身が脆弱なものになっていたら、いくら勉強しても頭に入りません。**

12 寝る前に「納得感」が得られる勉強をさせる

簡単な問題ではなく、復習に役立つ問題を与える

中学受験が近づいてくると、夢を見てうなされる子が出てきます。

「ごめん、まだ終わっていない」「どうしよう、間に合わない」

こんな寝言を言う子どもも増えます。どの子もストレスがかかっているわけです。

そんな子どもにとって、1日の終わりにどういう気持ちで過ごし、眠りにつくかは非常に大事なテーマです。


男の子は、得意な問題を解かせて「できた！」という経験をさせてから眠ってもらうといいのですが、女の子の場合には**「納得すること」で得られる安心感が必要です。**

解けるに決まっている簡単な問題を与えてみても、「だから？」で、女の子の納得感は得られません。「まだわからないことがあるけれど、とにかくこの問題を復習した」ということでスッキリし納得感が得られれば、女の子は安心して眠りにつくことができます。

13

「お腹いっぱい」だと欲求は生まれない

自立心を育みたいなら「与えすぎ」は禁物

受験競争を勝ち抜くためには、「どうでもいい」という無気力は大敵です。また、子どもの頃から無気力では、大人になって社会に出ても、「とくにやりたいこともない」という非常につらい状況に置かれかねません。

しかし、今の子どもたちはあまりにも忙しく、日々のスケジュールをこなすのに精いっぱい。「○○をやりたい」という自発的欲求を抱く余裕がありません。

とくに、共働きの家庭では、そうでない家庭と比較して、どうしても親子が関わる時間が少なくなります。すると「かまってあげられない」という罪悪感が生まれるのか、子どもにお金をかけるようになります。結果として、「習い事もスポーツも塾も、もっともっとやりなさい」となり、子どもは疲れ切ってしまうのです。

女の子でも文武両道が理想ですが、それは親が言って身につくものではありません。

どもが「勉強をしたいな。でも、運動もしたいな」と心から思えたときに可能になります。

そして、この「〇〇したい」という欲求を育てるために、**遊びはとても大事です。** ところが、今の子どもたちは、遊んでいいと言われても「ママ、なにして遊べばいいの」と迷うのです。

私はよく「お腹いっぱいにしないで」とお願いしているのですが、親が子どもにしっかり与えすぎてお腹がいっぱいになってしまえば、子どもは「〇〇が食べたい」と思わなくなります。自立心を育みたいなら、「与えすぎ」は禁物です。

以前、オランダからきたサッカーの指導者が、驚いていました。

「日本の高校生は部活のサッカーの練習が休みになると、なぜ喜ぶのか」

自分でサッカーを部活に選んだということは、好きだから。その好きなことを「できない」状況をなぜ喜ぶのか不思議でならないというわけです。

実は今、日本でサッカーを習っている子どもは増えていますが、「サッカーが好き」という子どもは逆に減っています。ずっと習っているために、「やりたい」より「休みたい」が強くなっているのです。

本当は、知らないことを学ぶ勉強も「やりたい」ことであるはずなのです。しかし、与えすぎれば子どもはうんざりしてしまいます。

14 女の子は「リベンジ」が得意

「自分と戦う」ことが女の子のモチベーションになる

「リベンジ」という言葉が効くのは、実は、女の子のほうです。たとえば、塾の春期講習などが終わったとき。女の子は「算数がまだ足りない」「理科が全然ダメだった」などと、すでに次に目を向けていきます。一方、男の子は「ああ、終わった」というやりきった感に浸っているだけで、その内容を振り返ろうとすらしません。

小学校の受験で失敗した学校に中学受験でも挑戦したがったり、「絶対にあの学校よりもレベルが高いところに合格してやる」などと口にするのは決まって女の子。

男の子は「ああ、○○小学校、落ちたような気もするけど忘れちゃった」と、その失敗には触れようとしません。それが傷になっているからです。

女の子は、**真面目に自分と戦っていくことは男の子よりも得意です。**だから、過去の自分に対するリベンジは、女の子にとって大きなモチベーションになります。

15 良い子の押し売りはいずれ破綻する

「優等生」を期待すると、必ず「できない」壁にぶつかる

勉強できる子について、男の子はいろいろなパターンがあります。たとえば、算数だけが大好きな子、文武両道タイプ、性格的にハチャメチャな子……。しかし、女の子の場合はパターンが決まっていて、判で押したような優等生タイプがほとんどです。

これは、最初からそうなのではなくて、大人たちがそれを押しつけているところがあります。とくに母親は、成績のいい女の子に対して、男の子以上に期待する傾向が強く、「○○ちゃんにはなんでもできるいい子でいてほしい」と、望みが多くなるのです。

また、**女の子も親の期待に添えることは嬉しいし、理想も高いので頑張ってしまいます。**

しかし、無理が重なれば破綻してしまいます。そのときに女の子は**「できなかった」自分に大きなショックを受けて潰れてしまいます。**本当は、なにか1つでも秀でていれば素晴らしいことなのです。優等生を期待して、その1つを潰さないようにしてください。

16 「エラーの原因」をゆっくり振り返らせる

自分の間違いを直視できる女の子は最強

企業で働く東大出身者を見たときに、最近の傾向として、地方の公立校から東大に入ったタイプと、有名進学校から入ったタイプでは、後者のほうがビジネスパーソンとして強いといわれています。おそらく、地方で「神童」と呼ばれていた子は、進学校で競争してきた子より負けた経験、挫折経験が少ないためだと思われます。

こうしたことは、女の子の世界でも、もちろん起きます。だから、折れないように気遣いながらも、トライ&エラーを経験させることは必須です。

ただ、女の子は、**エラーと向き合うことが苦手です。**洞察力があるので、エラーの原因を自分で見つけることができるのですが、それを見たがりません。なまじ洞察力があるだけに、よく見えすぎて傷が深くなるからです。

しかし、**それを自分の間違いとしてしっかり直視することができれば、女の子は最強。**

なぜなら、男の子よりも深い分析ができるところへ持ってきてトライ&エラーを怖がらないのですから。

そういう女の子は、自分でどんどんトライ&エラーを繰り返して成長し、相当な高みにのぼっていくことができます。

女の子が、自分のエラーと向き合えるようになるには、その原因をゆっくり振り返り、納得することが必須。だから、親や周囲の大人が、あれこれアドバイスしすぎてはいけません。

「あくまで模試の結果だから、あまり気にすることないよ。でも、算数はこのままじゃまずいよね。なにかやり方変えてみる?」

この程度に留めましょう。そして、女の子が「じゃあ、こうしてみようかな」と提案してきたときには、「模試の算数が悪かったというエラーはあったけれど、それと向き合ったからこそ新しいやり方を見つけられたね」と、トライ&エラーの価値を説明してあげましょう。

17

20の失敗で80の成功を得る

多めの成功の中に、ちょっとだけ失敗を混ぜ込む

女の子は、普段から「なるべく失敗しないように」気をつけながら生きています。だから、失敗してしまったときに「なんで?」というショックが大きくなる傾向があります。女の子が失敗したときのダメージは、男の子の4倍くらい。逆に、成功したときの満足感は、男の子の4分の1くらいしかありません。

だから、女の子には、**失敗の4倍くらいの成功を与えてあげる必要があります。**20の失敗で80の成功を得られるくらいでちょうどいいのです。ただ、失敗させないようにと周囲が気を遣いすぎては、**トライ&エラーの機会が持てないまま大人になってしまいます。**

失敗せずに大人になった女性は、本当にちょっとしたことで自滅していきます。

女の子ならではのナイーブさには充分に注意しながらも、早い時期からトライ&エラーを経験させて、その失敗と向き合えるようにフォローしてあげてください。

18 必要以上にほかの子と競わせない

女の子は競いたくなくても、競ってしまう生きもの

周囲を気にする女の子は、いつもすべてにおいて競ってしまいます。自分が持っている筆箱と、友だちのそれとどっちがかわいいかすら気になって仕方がないのです。ただ、それを表に出すのはかっこ悪いことだと認識しています。

そのため、女の子同士で成績を見せ合うことはしないし、勉強時間についても「やっていない」と隠します。もちろん、「○○ちゃんに負けたくない」などと口に出すこともありません。そういう様子を見て、とくに父親は「今は女の子だって、もっと負けん気を持たないとダメだ」などと言いがちです。

しかし、**女の子は、もう充分に競っていて「競い疲れ」をしているのです。**のんきな男の子の場合は「○○君に負けるなよ」とときどき競争心を煽ってやるくらいでいいのですが、女の子には他人のことは意識させないようにしてあげましょう。

19 テスト前後にはリラックスできる環境をつくる

女の子には周囲の大人がハッパをかける必要はない

幼くて落ち着きに欠けている男の子の場合、試験が近づいてきたら、周囲の大人たちが少し緊張感を高めて集中させる必要があります。

一方で、女の子は大人なので、**試験の日程を早くから意識し、自分で緊張感を高め会場に向かいます。**むしろ、緊張しすぎて、プレッシャーと恐怖心でいっぱいになる傾向があるので、親はリラックスさせることを考えましょう。

試験の結果についても、女の子はよくわかっています。男の子は悪いことには目を向けませんが、女の子は、できなかったことにばかりフォーカスしています。

そのため、自分が解けなかった問題やその原因について、充分に理解し反省することができています。だから、親が結果について分析したり反省を促すようなことはやめて、なにも言わずに話を聞いてあげましょう。

良い親子関係を築く習慣

20 「期待」を「願望」にすり替えない

娘に自分の人生のリベンジをさせてはいけない

中学受験にあたって、親としては「○○に受かってほしい」「もっと、レベルの高いところを目指してほしい」という気持ちが湧いてしまうのは仕方のないことです。しかし、それを子どもに背負わせてはいけません。彼女たちはまだ、幼いのです。

彼女たちは幼いが故に、親の期待が自分にとってつらいものになってきてもそれを表現する力がありません。だから、なおさら親はそれを押しつけてしまい、あるとき、親と子どものパワーが逆転したときに、大きな反抗となって返ってきます。

子どもに期待をかけすぎてしまうのは、父親より母親が多いようです。

とくに女の子の場合、専業主婦の母親は自分の人生をリベンジしようとして期待をかけます。

女性の生き方は多様であり、専業主婦は立派な仕事です。しかし、かつてのように専業主婦が圧倒的多数ではなくなり働く女性が増えた今、「本当は私ももっと社会で活躍したかった」という敗北感があり、そのリベンジを娘にさせようとしてしまうようです。

あるいは、働いているけれど男社会で苦労し、「娘にはもっと上を目指してほしい」と望むケースも多く見られます。

でも、もしかしたら娘は、「私は専業主婦になりたい」と考えているかもしれないし、なによりも娘の人生は娘が決めればいいことです。

女の子は真面目ですから、親の期待に応えようとし、応えられなかったときには「自分はダメだ」と考え、潰れてしまいます。

まさに、今盛んに言われている「毒親」にならぬよう、女の子を自由に解き放ってあげてください。

21

母親が自分の失敗を飾らずに話す

女の子にはきれい事ではなく本音で向き合う

親としては、自分の子どもが失敗しそうな状況を見過ごすわけにはいきません。

とくに、女の子の母親は、「ダメよ」「こうしなさい」「お母さんはわかっているの」と、つい、細かく指示を出しがちです。もちろん、女の子にとって母親は1つの目標でもあるので、適宜アドバイスしてあげるのは当然です。ただし、それが、親の価値観を押しつけるものになってしまっては、子どもにとっては重くてたまりません。

母親が自分の娘に「これはしてほしくない」と思うとき、それはかつての自分に失敗体験があるからです。だったら、それを飾ることなく伝えましょう。

自分の失敗を話した上で、「だからお母さんは、○○ちゃんにそうなってほしくないの」と言えば、女の子は納得します。女の子は大人で、世の中の現実をわかっています。

建前やきれい事で伝えることなく、本音で向き合えば大丈夫です。

22

信用を失うことは絶対にやらない

「裏でこっそり」がわかると一瞬で信頼関係は壊れる

女の子は親との信頼関係を重視するとたびたび述べてきました。

その信頼関係は、構築するのは大変ですが、壊すのは簡単です。彼女たちの信用を失うようなことを一度でもやってしまったら、なかなかもとには戻りません。

たとえば、鞄の中身や机の引き出しなどを、黙ってチェックすることは絶対にやってはいけません。**親はよかれと思ってやっていても、女の子は「こそこそとなにをやっているの？」と不信感でいっぱいになります。**

あるいは、勝手に塾の講師と面談するのもやめておきましょう。

自分のネガティブな側面を他人に知られることを極度に嫌がる年頃の女の子が、最も信頼していた親にそれをバラされたとなれば、ひどい裏切りと感じるのも当たり前のことです。「私に隠れてなにを言ったの？」と追及してくるか、まったく口をきかなくなります。

23

女の子と向き合うには「気概」が必要

女の子は「共感できない大人」の言うことを聞かない

共感性を大事にする女の子は、そもそも共感できないような大人の言うことは聞きません。そこには、外見の要素も含まれています。私たち塾の人間も、そこはしっかり見られていて、ニキビやフケが目立つ不潔な男性講師や、露出の多い派手な女性講師は女の子から嫌われます。私も、常に身だしなみには気をつけています。

親も同じで、父親にしろ母親にしろ、清潔感溢れるかっこいい人物でいることが必須です。**自分が頑張って勉強しているのに、お父さんがだらしなく酔っ払っていたり、お母さんが愚痴ばっかり言っているようでは、女の子はやっていられません。**

もちろん、美男美女である必要はありませんし、高価な服を身につける必要もありません。要は**「気概」**が必要だということです。「幼い娘が一人で頑張っているんだ」ということを忘れずに、美しい佇《たたず》まいでいてください。

24

真面目に話すときにはスキを見せない

「前に言っていたことと違う」と言われないようにする

物事を連続して考える傾向のある女の子は、「前のこと」をよく覚えています。だから、よほどきちんと考えて物を言わないと、「前に言っていたことと違うじゃん」と、話の破綻をすぐに見抜かれてしまいます。とくに、父親は注意が必要です。

大人でも、男からすると「どうして女性って、すごく昔のことを覚えているんだろう」と不思議でなりませんが、それは脳のつくりの問題であり、子どもだって同じです。

父親にすれば、「今の段階で一番いいと思っていることを言っているのだから、前のことでいちいち揚げ足を取るな」と反論したくなりますが、**前に聞かされたことを覚えていて、それによって信頼関係を維持している**娘からすれば、とんでもないことなのです。

ましてや、感情的に怒鳴るなどもってのほかです。女の子と大事な話をするときには、これまでの経緯もしっかり頭に入れて、スキを見せずに臨みましょう。

25 母親は女の子に愚痴を言わない

女の子は愚痴を聞き流せず、重く受け止める

女の子は、母親に憧れると同時に、ライバル視するケースがあります。これは悪いことではありません。

最初は母親がライバルであっても、だんだんと友だちにその要素を見つけていけるようになります。

ただ、娘が母親をライバル視するのはよくても、その逆があってはいけません。**母親は大きな気持ちで娘と接していくことが必要です。親はあくまで親なのです。**

最近は友だちのような母娘も多く、見ていて微笑ましいですが、本当に友だちレベルになってはいけません。

友だちレベルになれば、愚痴もこぼしてしまうからです。

男の子は母親の愚痴など右の耳から左の耳に流せますが、女の子はちゃんと受け止めま

す。父親の悪口を聞かされたら、女の子は父親を共感の対象にできません。

本当に子どものことを考えるのであれば、絶対に愚痴を言ってはいけないのです。

ところが、賢い女の子が目の前にいると、ついつい愚痴をこぼしてしまう母親がいるのです。それによって、子どもが精神的に不安定になってしまうことを決して忘れてはいけません。

26

「女の子らしさ」は否定せず伸ばしてあげる

父親は女の子の「勉強以外」にこそ関心を持つ

4年生の女児があるとき、女の子らしくない汚い口のきき方をしました。ほかの塾であればスルーするのでしょうが、私は注意しました。すると、その子は意外なほど素直に耳を傾けてくれ、むしろ注意されたことを喜んでいるようにさえ見えました。

おそらく、大人として扱っていると感じてくれたのでしょう。

今、ジェンダーフリーが盛んに言われていて、私もそれを否定するつもりは毛頭ありません。一方で、女の子が女の子らしいのは素晴らしいことだと思っています。

実際に、私が見ている限り、難関女子中学に合格するような優秀な子は、かわいらしい文房具が好きといった女の子らしさを持ち続けています。

だから、**女の子らしい部分を否定せずに伸ばしてあげていいと、私は思っています。**

とくに、父親は「女の子のことはよくわからないから」と母親に任せて逃げてしまう傾向がありますが、ちゃんと女の子として向き合ってあげましょう。さもないと、「お父さんは、私の偏差値しか興味ないんだ」と女の子はがっかりします。

女の子の学力を伸ばしたいなら、**父親は勉強以外のところに、より多くの関心を示してあげてください。**

これまで何度も述べてきましたが、女の子は真面目ですから勉強は自発的にします。そういう女の子たちに必要なのは、なによりいい家庭環境です。父親も味方、母親も味方。そう信じられる環境です。

両親には、それぞれに役割があります。それなのに、その役割を放棄して「よくわからないから、お母さんよろしく」と逃げていいはずがありません。

父親にとって、女の子と向き合うのは難しいこともありますが、自分自身が成長するまたとない機会でもあるのです。

おわりに

ビジネスの現場でもスポーツ界でも、女性の活躍が目立っています。大学受験や就職試験を見ていても、だいたい女の子は男の子より優秀です。これからの時代、教育機関であれ企業であれ、女性を伸ばせない組織は存続不可能です。

そんな中で、女の子の可能性を最大限、引き出すことは、私たち大人の重大な責務です。彼女たちには、親が想像しているよりはるかに高い能力が備わっているからです。

ところが、「娘にどう接していいかわかりません」と語るお父さんがいたり、あたかも娘が自分のミニモデルであるかのように期待し、支配するお母さんがいたり、女の子は、なかなか大変です。

女の子は、両親よりもずっと大人なんじゃないかと感じることもしばしばあります。まったくもって、女の子は辛抱強くて優しいのです。

今回、私が性差に注目して本書を書いたのは、女の子ならではの特性を理解し、その能力を最大限引き出してあげることで、彼女たちをブレークスルーさせることができると信じているからです。

私は長い間、VAMOSの責任者として多くの子どもたちを見てきました。そして、やはり女の子は男の子とは違うと感じています。

女の子は男の子よりも真面目で正義感に富みますが、一方で子どもらしさに欠けるところもあり難しい。これは事実です。でも、「女の子は小さくまとまりやすい」とか「女の子には男の子のような爆発力がない」と考えている親がいるとしたら、それは事実ではありません。大人が勝手に思い込んでいることです。

女の子は、実はすごく面白いのです。

本書で述べてきた接し方や言葉がけのコツをつかみ、どうか、あなたの娘さんのリミッターを外してあげてください。女の子の可能性をもっと信じ、世界を広げさせてあげてください。

辛抱強くて優しい女の子がブレークスルーできたら、その子は親の期待をはるかに超える頼もしい存在になってくれます。

２０１８年11月

富永雄輔

［著者］

富永雄輔（とみなが・ゆうすけ）

進学塾VAMOS代表。幼少期の10年間を、スペインのマドリッドで過ごす。京都大学経済学部を卒業後、東京・吉祥寺に幼稚園生から高校生・浪人生まで通塾する「進学塾VAMOS（バモス）」を設立。入塾テストを行わず、先着順で子どもを受け入れるスタイルでありながら、毎年塾生を難関校に合格させ、その指導法は、「プレジデントファミリー」「アエラ ウィズ キッズ」「日経キッズプラス」などでも取り上げられる。学習指導のみならず、さまざまな教育相談にも対応し、年間400人を超える保護者の受験コンサルティングを行っている。自身の海外経験を活かして、帰国子女の教育アドバイスにも力を入れているほか、トップアスリートの語学指導、日本サッカー協会登録仲介人として若手選手の育成も手掛けている。著書に『「急激に伸びる子」「伸び続ける子」には共通点があった！』（朝日新聞出版）、『東大生を育てる親は家の中で何をしているのか？』（文響社）などがある。

著者エージェント：アップルシード・エージェンシー
http://www.appleseed.co.jp/

女の子の学力の伸ばし方

2018年12月12日　第1刷発行

著　者——富永雄輔
発行所——ダイヤモンド社
〒150-8409　東京都渋谷区神宮前6-12-17
http://www.diamond.co.jp/
電話／03･5778･7232（編集）　03･5778･7240（販売）
装丁————井上新八
本文デザイン—布施育哉
カバーイラスト—高橋由季
構成————中村富美枝
校正————鷗来堂・三森由紀子
製作進行——ダイヤモンド・グラフィック社
印刷————勇進印刷（本文）・加藤文明社（カバー）
製本————ブックアート
編集担当——木下翔陽・市川有人

ISBN 978-4-478-10528-3